书不尽言
言不尽意
自觉圣智
完成人格

辛卯冬 二〇二
九四禧童 年
南怀瑾

南怀瑾讲演录

南怀瑾 著述

南怀瑾（1918—2012），海内外享有盛誉的著名学者。出生于浙江温州书香世家，自小接受私塾传统教育，少年时期就已读遍诸子百家的各种经典。他精研儒、释、道，将中华文化各种思想融会贯通。1969年创立东西精华协会，旨在促进东、西文化精粹之交流。1976年在台湾创办老古文化事业有限公司。

南怀瑾在台讲学三十六年，旅美三年，居港十数年，2004年落脚上海。2006年，他定居于江苏太湖之滨的太湖大学堂，终其晚年在这里讲学、授课，培养下一代文化种子。

南怀瑾毕生讲学无数，著作丰富，著有《论语别裁》《孟子旁通》《原本大学微言》《老子他说》等近六十部作品，并曾译成多国语言。他用"经史合参"的方法，讲解儒释道三教名典，旁征博引，拈提古今，蕴意深邃，生动幽默，在普及中国传统文化方面取得了引人注目的成就，深受海内外各层次读者的喜爱，半世纪以来影响无数中外人士；而南怀瑾融会东西精华、重整文化断层的心愿，亦将永续传承下去。

出版说明

二〇〇〇年后,南怀瑾多次在大陆各地进行演讲,以其深入浅出、生动活泼的话语风格指导青年学子的人生走向。《南怀瑾讲演录》一书,汇集了南怀瑾二〇〇四年以来在上海所做的五次演讲。内容涵盖了对文明走向和文化教育的深刻体察,南怀瑾也对当下新兴媒体与传统文化的结合提出了自己独到的见解,均体现了南怀瑾对祖国未来的殷切期望。本书原由台湾老古文化事业公司出版,兹经版权方台湾老古文化事业公司授权,复旦大学出版社将老古公司二〇〇九年十月版校订出版,以供研究。

复旦大学出版社
二〇二三年八月

前　言

南怀瑾先生，于旅止上海时，有各大学、研究所再三邀约演讲，计有北京清华大学、中国科学技术大学、上海国家会计学院，以及海南金鼎俱乐部及海南航空集团等。其中除上海国家会计学院在上海本地外，其余院所皆从北京、安徽、海南，全班结队而来上海。南怀瑾原以无法前往之故而辞谢邀请，后彼等既热情安排，移樽就教，南怀瑾不免答允所请，就在上海与大家相会了。

研究所硕士或博士班的学员，多为各地企业界领导阶层，加以海南航空及金鼎俱乐部会员亦皆为社会或企业界精英，故而南怀瑾演讲内容涉猎颇广。

最近一次的讲演，是应上海《文汇报》及上海人民出版社的共同邀请，于今年（二〇〇六年）的八月四日举行。南怀瑾因是初次对新闻媒体讲演，故而特别强调新闻出版界与电视界的社会责任，以及文化责任等。

在多次讲演中，南怀瑾对教育方面感叹颇多，甚至有"无用"之评语。关于这一点，读者想必会理解，南怀瑾所指是人文历史的教育，而非针对数、理、化、科技方面而言的。

由于每次讲演听众皆不同，所以讲演内容略有雷同部分，势所难免。

本书包括了五次讲演记录，虽以人文为主，但却隐约透露了更多学科领域发展趋势及走向，亦有发前所未发之处。

二〇〇六年夏秋之际，讲演记录在苏州庙港整理完成。协助者多人，在此先行致谢，不一一点名了。

刘雨虹　记
二〇〇六年八月　庙港

目　录

出版说明　　1

前言　　1

第一章　读书和工商文化　　1
- 第一讲　　1
- 第二讲　　9
- 第三讲　　19

第二章　大会计?　　33
- 第一讲　　33
- 第二讲　　46
- 第三讲　　64

第三章　人文问题　　70
- 第一讲　　70
- 第二讲　　82
- 第三讲　　91
- 第四讲　　102

第四章　中国传统文化与经济管理　　115
- 第一讲　　115
- 第二讲　　127

第三讲	141
第四讲	156
第五章　中国传统文化与大众传播	**164**
第一讲	164
第二讲	172
第三讲	181
第四讲	192
南怀瑾著述目录	**200**

第一章　读书和工商文化*

第一讲

魏峰（班长）：我们很荣幸请到了国学大师南老师，这非常不容易，南老师很少出来讲，但今天很给咱们同学面子。我们以热烈的掌声欢迎南老师给我们做一场精彩的演讲！

南怀瑾：诸位先生，今天我是被逼出来的。这位班长（魏峰）很有办法，几次找到我的好朋友，逼我出来讲，害大家不远千里赶到上海来，很抱歉！因为我年纪大了，出门不方便。可是，今天要讲的题目，我现在还不知道。

我今年八十七岁了，不算高龄，也不算低龄了。对自己评价八个字，平生"一无是处，一无所长"，不是故意谦虚，是真的。

这几年，我在提倡儿童智慧开发的教育，大概诸位还不知道。一般人都认为我在提倡儿童读经运动，其实不是读经。因为我从小到现在，感觉到中国文化是个大问题，尤其是现在，文化没有根了，所以我提倡重新读书。在我的观念里头，文化要靠新的一代才行。推动中国文化跟人类的文化（还不是世界的文化）合流，开拓发展人类未来的前途，是一件极为重要的事。在我的观念里，中国未来的前途关系人类的前途。

---

* 时间：二〇〇四年九月二十五日。
地点：上海市兴国宾馆。
听众：清华大学 EMBA 二〇〇二级 A、B 班学员，约八十人；其他听众，共一〇五人。
录音实录、校对：马宏达。

因为我自己是读古书出身的,对教育有个观感。我从小读古书,是在家里读的,以前在家里读书叫读私塾,请的老师都是清朝的遗老,有的是秀才、举人,甚至还有进士、榜眼。那个时候,这些老先生一边教书,一边感叹,感叹世风日下,人心不古,我们听了就讨厌。等自己到了三十几岁的时候,自己也在感叹,世风日下,人心不古。到了五十岁以后,感叹更重了。到了六十岁,突然改变了,觉得大概千古以来,大家都是这样感叹的。其实没有关系,我就告诉老前辈们,你们不要担心,你我死了,明天太阳照样从东边上来,时代会演变得更好,不过观念不同、价值不同而已。

到了近一二十年又不对了,感到我们自己的文化没有根了。要说接受西方文化,也没有好好接受,要说了解西方文化,其实大多数人也不懂。事实上,西方文化可以给我们做一个很好的参考。我常常感到,国家亡掉不怕,还可以复国,要是国家的文化亡掉了,就永远不会翻身了。因此,我这几年提倡小孩子要读书,要背书。小孩子不背书没有用,当然不是指背现在的书,现在的人担心书背了没有多少用处。现在的教育很有趣,小学读的书,到了中学发现没有多少用了;中学读的书,到了大学发现没多少用了;大学读的书,留学后又发现没有多少用处了,不晓得读的什么东西。

以我的经验,我今天还能和大家吹牛,人家说我有学问,我就笑,我这个还叫有学问啊?实际上,一辈子在外面卖弄的,就是十三岁以前读书学来的东西。比如《资治通鉴》,十三岁以前,我已经圈点过三次了。古书没有标点,我一边读一边圈点,每一遍用不同颜色的笔圈点,不懂的地方拿给老师看,这样就会背出来。以前我们读书叫读书,现在读书叫看书。以前我们读书,像现在朗诵白话诗一样,朗声唱念出来。这样读下来,也圈点过了,就会记得住。到了现在,比如《资治通鉴》,提到哪一段,心里就会现出那个影像,甚至在哪一页、哪一段,都还记得。

我现在发现,几十年教育的演变,不但让孩子们读书越来越吃力,还浪费了孩子的脑筋,把孩子的身体都搞坏了。因此,我也感觉到有个问题,这样下去,很多小孩子会得心理疾病,我看这很严重。所以我常说,我在书上写的也有,几十年前就讲了——十九世纪、二十世纪初期,对人类威胁最大的疾病是肺病;二十世纪后期,对人类威胁最大的疾病是癌症;二十一世纪,对人类威胁最大的疾病是心理疾病。现在是心理疾病开始的时代了,我发现很多孩子的心理都有问题了,归结起来是教育的问题,一个国家、社会的兴衰成败,重点在文化、在教育。

对目前的教育,我的感慨非常多。如果在座的哪一位学者是研究教育的,可以把清朝以后的教科书找出来,对比研究,会发现时代的变化太大了。教育怎么办?尤其看到现在的小孩子,书包很重,大家的目的,都是为了考试。

在中国文化里,关于教育的目的,《论语》有句话:"古之学者为己,今之学者为人。"古代读书人为自己读书,为什么为自己读书?是为自己的兴趣。我当年读书,的确是为自己的兴趣读书。现在读书不同了,是为别人读书:为家庭读书,为父母读书,为社会读书,为求职业而读书。这个目标就差得很远了。

四十年前在台湾,我的一位女学生,辅仁大学毕业的。她告诉我,当年她跟爸爸妈妈怎么吵的,她把书本一丢,说:"你们再逼我,我就不给你们读书了!"她心里觉得读书是为他们读的,自己真不想读。一般认为,好像家里的孩子不读到大学就不光彩。

现在读书更不同了。不晓得你们高级班的各位,读书是为了什么,好像是为了社会的荣誉,为了一个文凭,为了找一个地方休息一下,所以来读书。那也是"今之学者为人",是为别人读书,不是为自己读书。而且现在的读书不是读书,而是来玩的,来求一个知识。那还不如读那个手机里的信息好,什么都有。

我发现这样下去不得了,因此,为了后代,我就提倡读书,编书给孩子读。取了个名字,叫作"中国文化断层重整工作"。由我在台湾的老古文化事业公司的总经理郭小姐编出来，像四书五经，乃至英文传统经典文章，都编出来。怎么提倡呢？我不搞组织的，一搞组织，利害关系什么都来了。我说我这里啊，像世界运动会的点火台，火炬一点起来，就交给别人，一路跑下去。到现在为止，已经提倡了很多年。据说大陆受到影响的，有一两千所小学了。好像教育部门也受点影响，都在编书了。可是我告诉教育部门，你们编的大多是唐诗宋词给孩子读，这又搞错了。我提倡孩子读书，是为了未来的中国多出一些大思想家、大科学家、伟大的政治家。如果只多出一些李白、杜甫有什么用呢？多出些诗人、唱歌的，没有用，所以说你们又编错了。现在我们把编的书，送到边远地区，最落后最艰苦的地方，孩子读不起书的地区。把书送去，再找人教他们，让他们自己念。这样影响得很广，影响了小孩子和他们的父母，还影响老一辈。

我一上来，乱七八糟地报告我的感想，因为我没有题目。你们高级班让我来做报告，我首先声明自己一无所长，一无是处，没有办法贡献给大家。本来想了几个题目要给大家讲的：一个题目是人生观，我们这一代很多人没有人生观，不知道搞些什么好；第二个题目是现在社会乃至人类的文化科技发展的方向；第三个题目，想贡献给诸位国家工商业的精英，为今后国家工商业的发展、经济的发展，究竟要做什么事。把这三个题目想了半天，后来我不想了，我也不知道听众是谁，搞不清楚程度怎么样。我想的也许是大家不需要的，因此都放弃了。

我今天告诉大家的，主要还是读书的问题。我讲话没有规律的，可是往往讲完了以后，兜拢一下看看，还是蛮有规律的。这是自我欣赏啊！大家常常说看我的书，我刚才告诉朋友们，我的书都是骗人的。为什么说骗人呢？我一辈子只写了两三本书，而且都是关于佛学的，其他的都是同学们把我的讲课、演讲记录下来编成书的。我乱七八糟讲的，他们记录下来，我一看，吓！蛮好的嘛，还成篇啦！这是他们的本事。

我说，世界上有几个人的文章值得关注：第一个人，释迦牟尼，一辈子没有写一个字，可全世界的文化里面，释迦牟尼的经典最多，比任何一位教主的著作都多；第二个人，老子，最反对写文字，可最后还被逼写了五千字的《道德经》；还有一个人最可怜，就是孔子，他的学生几乎没有一个人有文章流传下来。所以，有一个学生跟我讲，老师你要写写文章捧捧我们，我说好。所以，我的书都是骗人的，为了吃饭的。我自己真想写的书，还没有开始写。假使我还能够再活个一二十年，也许找个机会写一部书，因为真写一部书很难。我常常说，古人用一辈子的经验、一辈子的学问，写成一两本书。现在你们很轻率，读两年的博士，就写那么厚一本书。我说万一不对怎么办？他们说，那推翻了重新写，好像不负责任似的。

因此，讲到关于写书，为自己的学问，我想告诉大家，古人有两句话："名利最为浮世重，古今能有几人抛。"古人认为，名利是虚浮的，但是世人都是为了求名求利。你们既然在这个高级工商研究班里头，我倒想起一个人来，日本明治维新时的宰相伊藤博文。日本、韩国把他们的文化叫作东方文化，其实都是中国文化。伊藤博文年轻时有两句话，作为自己人生的目标："计利应计天下利，求名当求万世名。"这是他青年时立的志，最后他做了明治维新时的宰相，实现了自己的人生目标。我常常问许多同学，到现在为止，你人生的目标、读书的目标，究竟是什么，求什么？这是一个人生观的问题。结果，许多老中青的朋友，讲了半天，没有人生观，都是跟着大家走。那叫作随波逐流，跟着时代的浪潮随便转，这是很有问题的。

我在美国的时候，告诉美国朋友，我说你们啊，真讨厌，我们的学生来美国留学，还要东考试，西考试，高收费。唐代的时候，外国学生到中国留学的非常多，我们在长安给他们准备几千所房子，招待吃、招待住，最后还送他们回去，跟你们美国完全两样。这是中国文化。我讲到这里，又想到日本人了。在早年的时候，据说有个日本的学生要到中国求学，有人劝他，路途那么遥远，困难那么多，你怎么办？他就作了

一首诗,当时有很多日本人的中文诗作得很好的:

> 男儿立志出乡关,学不成名死不还。
> 埋骨何须桑梓地,人生无处不青山。

诗的意思是到异乡求学,假使学问不能成就,就死在那里算了。这是当时中国文化、日本文化了不起的地方,也是讲到人生观。

讲到人生观,我常常跟工商界的朋友谈,尤其最近,常常问年轻的工商界朋友们,赚钱的目的是什么?大家说了一大堆,我说都不切题。假使是考试,都是交白卷的。我说我的兴趣多方面,我也做过生意,也发过财。可是有个经验你们没有,我一夜之间,一万条黄金都没有了,要靠卖衣服吃饭。如果失败的经验没有,你不要和我谈生意,不要和我谈经济学,因为你不懂。我说,我的经济学不是从书本上读来的,是从实际中得来的。然后我说,我问你,赚钱的目的是什么?你要知道,世界上最难赚的是第一块钱。等到发财了,因为赚钱容易,有时人都昏了头。赚了钱,怎么用?怎么用得有价值、有意义?这个很难。懂得了这个,可以谈生意了,那也是懂得赚钱的人生观了。

讲到这里,干脆跟你们谈谈赚钱。司马迁写了一篇《货殖列传》,后面有两句话:"天下熙熙,皆为利来。天下攘攘,皆为利往。"从古到今,我们现在也一样,诸位读书,忙忙碌碌,都是为了赚钱。

我常常告诉工商界的朋友,做生意要效法几个人。中国人做生意真的很发财的,第一个是姜太公。周朝建立了以后,他的封地是齐国,就是今天的山东省胶东地区一带,当时是苦寒的地方。周武王统一天下以后,分封诸侯。现在我们谈封建,一定要知道中国的封建不是西洋的封建,中国的封建是什么?大家要重新读历史,要好好研究,不是随便加个观念就叫封建。

看历史也要看另外一面。姜太公到封地去,走到半路心中很不舒服,有个人就告诉他,你那么大的功劳,封你到齐国,时机难得,你不去,上面的"老板"不高兴啊!姜太公一听就去了。他到了齐国,开始做生意,发展渔盐之利,打鱼、晒盐,拿来贩卖,齐国就富起来了。齐国富了以后,由姜太公开始,一直到春秋战国,前后八百年,中国最繁荣的市场,就在齐国的首府临淄(现在的淄博市临淄区)。大家研究做生意,祖师爷是姜太公,这个需要了解。因为讲到《货殖列传》,我想到先告诉大家。

等到一千年以后,中国工商业的发展重心不在齐国了,而是在丝绸之路,汉唐时代都有。唐朝时,中国贸易最发达的地方是扬州,俗话说,"腰缠十万贯,骑鹤下扬州"。到了宋朝时,贸易繁荣的重镇,在福建的泉州、漳州。所以,你们现在可以到漳州看看,漳州现在还有宋朝时留下来的伊斯兰教的清真寺,曾经还有个中东的王子来做生意,后来在漳州落户了。到了清朝,江南贸易繁盛,才有今天的上海。这些是跟做生意有关联的。

今天,我们讲开放发展,工商业的发达地区,还是集中在沿海这一带,内地、西北还是落后,这是你们研究历史、读书要注意的。你们也可以从中选出题目,写一篇论文。我只提一个头出来,给你们研究。

第二个会做生意的人是管仲,他在政治上很了不起。可是,做生意没有本事。他年轻时做生意,靠他的好朋友鲍叔牙。鲍叔牙出钱,大概是鲍叔牙做"董事长",管仲做"总经理",差不多每次都蚀本,可是后来管仲做了宰相就不同了。我们说到好朋友啊,有商业的朋友,有因政治关系而变成好朋友,但是千古以来,讲朋友的关系最为典范的,就是这两个人——管鲍之交。管仲年轻时跟鲍叔牙合伙做生意,蚀本的都是鲍叔牙,而赚了钱,管仲却取走差不多三分之二,鲍叔牙都不见怪。最后管仲被俘虏,被推荐出来做宰相,还是靠这个朋友鲍叔牙。可是,管仲临死的时候,齐桓公问他,你要走了,哪一个可以替你做宰相?齐桓公提出的第一个人选就是鲍叔牙,管仲说不可以,他太爱干净了,太整齐了，善恶太分明了，对于坏人不能包容，绝不可以做宰相。我们年轻时觉得，那么好的朋友，你死了，怎么不能推荐他做宰相？实际上他是在保护鲍叔牙，万一做不好，会被杀头。管鲍之交，是这么一个故事，详细的内容，你们自己去研究。所以说，管仲是第二个做生意最成功的人，他是为国家做生意。

管仲以后，另外有一个人，做生意最成功了——吕不韦。我在《原本大学微言》中讲到，中国能够统一，能够包容不同的文化，统一文字、货币、度量衡，都是由秦始皇开始。而秦始皇背后的指导者是谁？就是吕不韦，而且是以商业的方式来做的。这个呢，实在很难学，也不应该学。如果诸位能够学到这样，另当别论。

第四个人呢，就是范蠡了。你们诸位都是国家的英才，其实我希望大家要学的一个儒商，是孔子的学生子贡。孔子的三千弟子，什么人都有，土匪也有，流氓头子也有，读书人也有。今天山东的孔子的坟墓，是子贡出钱修的，这个正史上没有，要看其他的文献才行。孔子死后，弟子们找了一块坟地，就是后来葬汉高祖的那块地。大家也没有钱修墓，等子贡来。子贡是大老板，他来了一看，这块地不行，只能葬一个帝王，没有资格葬我们的老师。大家说那你来找吧！他就找到现在曲阜这个地方。然后，其他学生都走了，他还"庐墓三年"，在孔子的坟墓旁边盖了一座小房子，守老师的坟墓三年。

子贡是个真正的商人，这个商人很厉害，我希望你们也能够做到这样。这要看一本历史书《越绝书》，后来司马迁写《史记》，也采用了这本书里的材料。这是怎么样一个故事呢？鲁国当时衰落了，齐国要出兵打鲁国。孔子是鲁国人，他说，这怎么办？子贡就说，老师，您年纪大了，我去。孔子说，你肯去那太好了。子贡一出来就挑起了吴越战争，然后又挑起吴国去打郑国，"国际战争"一挑起来，齐国就不能出兵去打鲁国了。你看他的本事有多大！子贡每到一个国家，这个国家的诸侯都隆重欢迎。他做的生意、他的学问、他的声望，影响了整个"国际"，比苏秦、张仪厉害。所以，诸位应该学习子贡。我提的只是一个题目，你们自己要去找资料研究，这个研究同现在很有关系。

子贡以后，从秦始皇到汉武帝的七八十年间，中国的文化差不多断层了。这是个历史的经验，汉武帝以后才开始文化的"复兴"。不过这个"复兴"，是对是错，又是个问题了。历史上说，这个时候，罢黜百家，独尊儒术，诸子百家都不要了，专门提倡儒家。据我的研究，并不一定是这样，不过是偏重于儒家而已。汉武帝雄才大略，历史上很多帝王又佩服他，又骂他，清代的康熙学的就是汉武帝。

汉朝那个时候，四川、云南、贵州还没有归属，是汉武帝亲手收复过来的。广东、广西到越南一带，也是汉武帝的时候才统一的。浙江的义乌、温州以南到福建，以及北方的蒙古，也都是他统一的。历史上，批评他坏的一面，说他穷兵黩武，喜欢用兵，但是他真的了不起，汉朝声威的树立，靠的是汉武帝。今天你们学习工商业经济发展的历史，应该翻开汉武帝这个阶段的历史，学习经验。

武帝时候，曾有两个商人出来做官，一个是桑弘羊，一个是卜式，帮助汉武帝发展工商业经济。以汉武帝这个才能，就敢用他们。我劝大家读一本书，《盐铁论》，作者是桓宽。同你们现在有关系，同中国现代的工商业、财经的发展绝对有关系。我看到一个资料，毛泽东当年也叫大家研究《盐铁论》。这本书中讲到那个时代的争论：究竟是文化发展重要，还是工商业发展重要？同我们现在这个时代一样，是儒家跟工商业的观点辩论。本来我想抽出这本书给你们讲要点，后来一想，这次课程时间很短，没办法讲解完全，我只提醒大家注意，你们自己去研究。这样才叫作读书，研究也才有用处。

第二讲

诸位，对不起大家，刚才我讲了许多的感想，现在开始慢慢走入一个正题。不过，前面的话我还是做个结论，现在大家关注工商业发展，个人的人生观很重要，这是我必须告诉大家的。

我现在感觉到，中国的社会非常奇怪，将来怎么样？我不敢想象。今天全世界，尤其以中国社会作代表的话，将来的社会，没有婚姻家庭制度了。知识越普及，家庭观念越淡薄。我在美国的时候，常常跟美国人讲笑话，我说你们非常傲慢，其实也没有什么了不起。中国有句老话，"国清才子贵"，一个国家社会安定了，有学问的知识分子，变成名士，就贵重了。"国清才子贵，家富小儿骄"，家庭富有了，孩子就傲慢了，教育都成问题。

当年，我在大学上课，我这个人有个不好的名声在外，就是"骗人"的名声。一上课，本来说八十人，结果来了一百多人，走廊、窗外都是人。讲课的时候更奇怪了，一班八十几个学生，六十几个都是女的。哟，我说你们这些女孩子是考取了哲学系的吗？要不然就是联考考取了，随便分发过来的。世界上学什么都好，就是不要学哲学。哲学是"疯子"的学问，学了哲学，人会"发疯"的。再不然学会了以后，只好到街上看相啊，卜卦、算命用的。我说你们怎么搞的，学起这个来了！希望你们做一个贤妻良母，你们上大学了，趁年轻赶快谈恋爱，早一点结婚，不然大学毕业后可能找不到老公的。因为大学毕业的女孩子要找一个硕士丈夫，硕士要找博士，东选西选，将来种田郎都找不到了。那个时候，几十年前，我已经看到这些问题很严重了，现在更严重了。

你看中国的家庭伦理，对不起哦，现在的女同学们、女同志们，很多都不会做饭洗衣服，但是，如果男的不会做饭的话，可能连老婆都讨不到，所以馆子越来越发达。没有家庭生活，社会问题就来了。这是这个时代的趋势。我只提要点，我讲的每一个要点，都可以给大家做博士论文的题目哦，请你们注意。

第二个，我发现，社会上有个现象，诸位不晓得有没有感觉到，做公务员的也好，做生意的也好，都没有自己的时间，很可怜。做生意的更厉害,每天起来,三餐饭有两餐饭是应酬。每一个应酬,不管你吃什么饭,两三个钟头过去了,晚上还要招待,吃饭、喝酒、听歌、唱卡拉OK。我说你们有多少时间在办公室办公啊?因此,我常常想起明朝时一个年轻人讲的,人生啊,世界上任何一个人,都只做了三件事:自欺,欺人、被人欺;自骗、骗人、被人骗。如果拿这个观点来看,我常常哈哈大笑,包括秦始皇、汉武帝,包括蒋介石,等等,都是一样,都是自欺、欺人、被人欺。当然,包括我嘛,也是一样。所以,我贡献给大家我的意见,一个人的生活,必须要检点一下。

现在接着讲后面这一段,这是班固的话。

赞曰——昔鲁哀公有言:"寡人生于深宫之中,长于妇人之手,未尝知忧,未尝知惧。"信哉斯言也!虽欲不危亡,不可得已。是故古人以宴安为鸩毒,亡德而富贵,谓之不幸。汉兴,至于孝平,诸侯王以百数,率多骄淫失道。何则?沉溺放恣之中,居势使然也。自凡人犹系于习俗,而况哀公之伦乎!"夫唯大雅,卓尔不群",河间献王近之矣。(《资治通鉴》卷第十八《汉纪十》)

班固是历史学家,写过《汉书》。这一段,他讲到鲁哀公的一段话。鲁哀公是孔子的老板,他说:"寡人生于深宫之中,长于妇人之手,未尝知忧,未尝知惧。"鲁哀公感叹自己,生来就是职业君主,生在深宫之中,外面的世界什么都不了解,太监和宫女们把他侍候大,一辈子不知道什么是忧愁,也不知道什么是害怕。班固评价说"信哉斯言也",真是了不起,鲁哀公这句话很值得相信,真好。

你们注意,我们当年读书,是这样读的,会背来的。你们觉得很好玩吧?告诉你们这样诵读的好处,可以用到孩子的教育上。我们以前读书是这样读的,不要讲理由,老师说读啊,我们就开始这样吟唱了。小朋友们要放学了,心里高兴,一边唱,一边你推我一下,我推你一把的。可是这样读书有一个好处,心里会记住,一辈子都忘不了,以前这叫读书,现在没有了。现在你们是看书,等一下就忘了,意思懂了,内容统统没有记住,不会启发自己的智慧。

班固说:"信哉斯言也,虽欲不危亡,不可得已。"人在这样一个环境中长大,最后一定失败,不可能不失败的。"是故古人以宴安为鸩毒",所以,我们中国传统文化,人最害怕一辈子太享福、太顺利、太平安了,没有忧患意识,这就像吃了毒药一样,把自己毒死了。

"亡德而富贵,谓之不幸",这句话最重要,人自己没有建立好自己的品德行为,而得了富贵,这是最不幸的。这里我要补充一下,过年的时候,门口贴的对子"五福临门",你们知道是哪五福吗?五福(寿、富、康宁、攸好德、考终命),里面没有"贵"哦!官做得大,不一定算是有福哦!五福里头有"富";中文里"富贵"常连在一起,富了就贵了。"贫贱"连在一起,穷了地位就低了。这里告诉你,无德而富贵,是人生最不幸的事情。班固说了一个例子,"汉兴,至于孝平,诸侯王以百数,率多骄淫失道,何则?沉溺放恣之中,居势使然也"。汉朝从刘邦开始,一直到孝帝、平帝,封自己的高干子弟一百多个,不到六十年,就衰败下来了。大多数诸侯都自己糟蹋自己,尤其一个人没有好的人生观,有钱有了地位,自认为了不起,放肆沉溺到快乐享受的苦海里了。为什么会这样?居势使然也。所处的那个地位、形势,促使他这样。

讲到这里,我有一个感叹,自己从小到大,没有一张文凭,不过我常常发文凭给人家。自己受过文的教育,也受过武的教育,当过兵,也带过兵,教育的经验太多了。我给陆军大学也上过战术的课——《孙子兵法》课程,等等。上完课,大家讨论,说日本人把《孙子兵法》《三国演义》拿来作为管理学的教材,我听了非常好笑,莫名其妙。你们看《孙子兵法》十三篇,真正重要的是一个"势"字。意思是说,一个时代的潮流,一股社会的力量,当这个力量来的时候,你跳不出来就会被它埋没了,沉下去了。什么是势?《孙子兵法》解释为"转圆石于千仞之山",这么大的一块石头,在千仞高山上绕个大圈子旋转,下面的人都很恐惧,不晓得这块石头落在谁的头上。当一个势到了，谁都没有办法，等到这个石头掉到地上，小孩子都可以在上面屙尿，它就一点用都没有了。所以，用兵也好，做事业也好，"势"最重要，重点在把握"转"字。

班固说，汉朝得天下以来，一百多个诸侯王受封，不到七八十年，自己和子孙都没有了。为什么？沉溺放恣，自己在那个环境里面堕落了。"自凡人犹系乎习俗，而况哀公之伦乎！"凡人就是普通人，佛教叫凡夫。任何一个普通人，都逃不出社会的风气与习惯的影响，何况如鲁哀公一样的诸侯呢！诸侯是人上之人，那个功名富贵，自然会把人埋下去。

"夫唯大雅，卓尔不群"，这是班固特别创造的两句话。只有真正有文化、有思想的人，才能独自站起来，不跟着社会风气走，自己建立一个独立的人格。一个人能够独立站起来，卓尔不群，不跟一般人一样随波逐流，"河间献王近之矣"。汉高祖的后代中，只有河北的一个诸侯，河间献王做到了这一点，非常了不起，他以诸侯的富贵身份和地位，做到了讲究学问。

我小的时候，父亲告诉我："仗剑需交天下士，黄金多买百城书。"多交天下朋友，多交有知识、有学问、有道德的朋友；有钱了，要多买书，多读书。

诸位都是国家工商界的精英，做领导的，所以我抽出班固对河间献王的评语给大家看，其实是对河间献王的赞词，我非常佩服他。刚才我讲过，发财最难的是第一块钱。人生，不管你发了多大财，永远觉得房子少了一间，衣服少了一件，钱少了一笔。我在香港的一个朋友告诉我，他有三百多套西装，还是永远觉得少一套。在人生这样的情况下，为什么去赚钱？有了钱怎么用？怎么用得恰当有意义？所以，用钱是最难的。这是我对前面的话做的一个总结。

现在回转来，今天，在国际上，尤其在中国，有两个大问题，可能诸位还没感觉到。一个是开放以后的问题，我常常告诉同学们，注意哦！现在开放，要防备经济上新的"八国联军"到来。看起来是无所谓，但这个问题对于经济、贸易、金融市场的影响很严重。昨天我还接到一个外国朋友的电话，他说："今天美国开了一个金融方面的会议，请摩根士丹利最高级的一个经济分析师讲话。"我就问他，这个人是中国人还是外国人？他说是外国人，而且可能是美国籍犹太人。会议上，大家都认为，今天美国经济的衰落，一定要找出一个罪魁祸首。这个罪魁祸首是谁呢？是中国。中国的商品倾销到美国太多了，造成了美国经济的衰落。然后，请这个分析师讲话。分析师说，你们都搞错了，美国今天经济的衰落，罪魁祸首不是中国，是美国自己。中国货是来得很多，但中国货便宜，假使不是中国货来，那用别的国家的货会贵多了。而且，中国人在美国赚了美金以后，还是到美国来买国家债券。我们的国家债券只是一张纸啊，中国人赚的钱还不是又回到我们这里来！这位朋友又说："老师！你晓得最后的结果怎么样？最后那些美国人统统站起来，把他轰走了。"我说："那是必然的结果。"这是第一个问题，经济的侵略。第二个问题，现在是文化战争，也就是思想战争的阶段。思想文化方面现在流行的是什么？就是大家"迷信"科学。当然，我不是学科学的，不应该讲这个话。大家嘴里都讲科学，口口声声讲科学，我一听就头大了。几十年前，原子弹发明了，在台湾、香港街头看到原子理发店、原子冰激凌店。我说不能吃哦，吃了要爆炸的。也不懂什么是原子，就随便讲原子理发店、原子冰激凌店。

现在，科学到了必须要跟哲学碰头的时候了，这是全人类文化的趋势，我现在提出来告诉大家。科学原来与哲学分开了，但是科学最后的结论，不可能离开哲学。

目前在美国最流行的是什么？是新兴的认知科学。认知科学是个什么东西？很重要。认知科学的发展，很快会风行全世界。认知科学是新兴的，真正学科学的知识分子会知道。认知科学发展下去，有两种文化抬头了，一种是源于印度的文化，西藏的密宗，一种是中国的道家文化，这两种文化要抬头了。

认知科学是什么东西？我给大家介绍一下，先要了解哲学是什么。旧的哲学，第一个重点是本体论，第二个重点是认识论，第三个重点是价值论。这是根据西方的文化给大家介绍的。

什么是本体论？本体论就是"形而上学"。什么是"形而上学"呢？"形而上"是孔子在《易经系传》里提出来的，"形而上者谓之道，形而下者谓之器"。"形而上"，是指有形的物理、物质世界以上的，代表最原始的本体，给这个本体取个名字，叫作"道"。过去把儒家、道家、诸子百家割裂开是错误的。如果有人问你什么是中国文化？你告诉他，是"道"。"道"是什么？包括很多，包括儒家、道家等诸子百家，以及后来的佛学，等等，总体一个观念，称为"道"。"形而下者谓之器"，有形的世界，唯物的，叫作"器"。那么，"形而上"是不是唯心的？不是，它包括了唯心、唯物。本体论是讲形而上的，也就是问：这个世界先有鸡还是先有蛋？世界是怎么诞生的，怎么开始的？或者人是先有男的，还是先有女的？换句话说，我们人为什么会生出来？我小的时候很怀疑这个问题，尤其天一黑下来，我就害怕，追问妈妈，我是怎么来的？妈妈就说我是捡来的。我问哪里捡的？我妈妈被我逼得没办法，只好说，你是我生的。我问从哪里生的？妈妈说这里生的，她张开双臂。我奇怪，怎么会从这里生？不晓得你们有没有过这个经历。

生命从哪里来，死后究竟还有没有生命？不知道。这些都属于形而上的本体论范围。东西方的文明古国，埃及、希腊、印度和中国，早期的文化都在追问这个问题。我相信诸位同我一样，都有这个怀疑，然后会思考人活着究竟是为什么，干什么，有什么价值？

我当年在抗战大后方时，大概二十六岁吧。我从年轻起就"欺世盗名"，有点虚名。四川大学哲学系主任傅养恬来找我，要我去演讲，我说给学生讲吗？他说给教职员讲。因为年轻好胜，我说好吧，到了那里问大家要讲什么，有位教授站起来说，讲讲人生的目的是什么。我说："诸位！刚才这位教授让我讲人生的目的是什么，他这个题目出错了。人生的目的好几个，孙总理（孙中山）讲人生以服务为目的，有些人说人生以享受为目的。今天，我到这里演讲，你们坐在这里听我吹牛，这是你们的目的。我从望江楼赶到这里，这是我的目的。请问，我们大家从妈妈肚子里出来的时候，谁说是带了一个目的来的呀？不管是说人生以服务为目的，或说以享受为目的，以赚钱为目的，以劳动为目的，等等，这都是人们乱加的。所以我说，这位先生的题目出错了，其实这个命题的本身就是答案。什么道理呢？人生以人生为目的，没有另外的答案。"

这就是哲学的本体论。那么，宗教家呢？宗教家会说，上帝生人。那我要问了，谁生上帝呢？上帝的外婆又是谁呀？这个不能问的。等于我们说："军事重地，禁止参观。"这是宗教，信就得救，不信就不行。

可是，哲学不是这样，我是要信，可是老兄，你把门打开一点，给我看看里面有没有值得我相信的啊？这是哲学了，所以哲学是本体论。哲学，希腊、印度、中国和埃及都有。究竟宇宙万物一开始是怎么产生的？有唯物观点、唯心观点，一元论、二元论，等等，这些问题我们都想过。我们常常想，我的人生前途命运如何，今后的社会怎样变化及我的人生遭遇怎么样，等等。

人家骂看相算命是迷信，我就反对。我也学过，从小就喜欢。学完了以后，什么都不信，也什么都相信。看风水，我也学过，学了以后，我什么都不信。找个办公室，我偏要坐在那个风水最糟糕的位置上，我看你怎么危险，怎么来对付我。

但是，我说你们不要随便讲迷信，一个学问，你没有学过，不懂，随便下一个结论叫迷信，你本身就是迷信，因为你不知道嘛，随便下结论。你要懂了以后，才可以批评它哪一点不对，你也要讲出个理由，哲学是要求这个。宇宙怎么来的，万物怎么萌生的，生命怎么来的，这是本体论。哲学由本体论发展到认识论，就关系到认知科学了。古希腊、古印度、古埃及和中国的哲学，都在追问本体论。

那么，今天影响世界的文化是什么呢？有四个东西。一个是达尔文的进化论，生物进化，优胜劣汰。不过我是不相信的，我说，达尔文的祖先是猴子变的，我的祖先不是猴子变的。另外，一个是弗洛伊德的性心理学；一个是马克思的资本论；一个是凯恩斯的经济理论，消费刺激生产。现在美国人到处出兵，就是奉行消费刺激生产。今天就是这四种文化在那里转。今天整个人类，没有一个领导的文化，这就是思想文化问题了。这是讲到认识论顺便提到的。

基督教讲世界是由上帝创造的。你讲哲学说宇宙是怎么生成的，或者是水变来的，等等，这是你脑子想出来的。我们现在回转来，看看自己的脑子、思想，先研究自己的思想究竟靠得住靠不住！我们这个思想究竟是脑子在想，还是心里在想，还是另外有一个力量在想，研究这些问题的学问就是认识论，由此产生逻辑。逻辑是什么呢？我们过去叫作论理学。那么，我们中国过去好像没有论理学吗？有！我们春秋战国时期诸子百家里面把这个叫作名学。所以这个论理学，讨论思想的方法，属于哲学里头认识论的研究思想的方法，表达的方法。论理学又牵涉做文章的论理，言语的论理。昨天我还问一位年轻同学，那件事办好了没有？他讲了一大堆。我说，你讲话怎么没有逻辑，不懂论理。我问你事情办好了没有，你应该先说办好没有，先有个结论，然后再讲理由。现在你天上地下讲了一大堆，我都听不懂，这就是言语的论理问题。可以说，论理学是关于认知科学的研究方法，这是哲学的第二个部分。

第三个部分，价值论。人生的价值是什么？人生的目的是什么？人生的意义是什么？牵涉很广了。换句话说，人为什么要成立家庭，要结婚？我常常说，好好地谈恋爱，慢慢地结婚，谈恋爱时都很好，一结婚常常出问题。中国古人教你夫妇之道，有一句话"相敬如宾"，"宾"就是客人。客人来了，明明家里正在骂"你妈的、你娘的"，看到客人来了，嘴一咧："啊，你好啊，请坐啊。"这叫对待宾客的方式。夫妻两个相敬如宾，都要保持一个距离。谈恋爱的时候，绝不说真话的。所以，西方人讲，"误会了就结婚，了解了就离婚"。结婚以后说了真话，完了。相敬如宾，就是我当年在台湾看到的，公共汽车后面写的两句话："保持距离，以策安全。"这叫相敬如宾。

讲到价值论，包含人生的意义，人生的价值，或者是结婚的价值，或者生孩子的意义。我也告诉人家，中国民间有个传统，"儿女如眉毛"，有些人现在不生孩子，我说也好。这是中国文化的另一面。中国民间讲："无儿无女是神仙，有儿有女是冤家。"可是，我不敢讲啊！人家说："你四代同堂，子孙满堂，你叫人家不结婚！"所以，我没有资格讲。"儿女如眉毛"，这个眉毛生在脸上一点用都没有，可是没有它不好看。"兄弟如手足"，兄弟是很重要的，如手足。"夫妻如衣服"，可以换的，哈哈！你讲中国文化的反面，它里头都是哲学问题，是价值论的问题。

今天，人类科技发展到太空了，你说那真是为了太空战争吗？我说不是。背后是科学家真正的精神，探索宇宙究竟是什么东西。西方文化由宗教演变出哲学，宗教就是信，信则得救。你不能问，问就不是宗教了。哲学家说，我决定信，可是你要打开门让我看看。宗教家不肯开门，然后科学家来，非要打开不可，我要进去看，这是科学家。

我常说，人类文化发展到今天，永远只有三十岁，没有长大。因为这些问题，几千年来都没有解决。因此，我们今天科学探索太空，基本还是找这个问题的答案，但是还没有找出来。

现在新的科学出来了，我们一些高层人士也知道，吩咐要特别注意这个，就是认知科学、生命科学，等等。认知科学是研究什么呢？也就是认识论，连带生命科学，生命怎么来的。这是新的趋势。

诸位都是精英，你们管理工商企业，也是个认知问题。今后工商业的发展，我们的国家社会甚至个人，要走哪一条路好？譬如大家所讲的搞房地产。我有好几个同学都搞房地产，我反对，我说你们怎么去搞房地产？同学说："老师，你怎么反对？"我说："我是读中国旧书出身的，有本书《幼学琼林》，上面有两句话，问舍求田，原无大志，掀天揭地，方是奇才。"现在搞房地产也是问舍求田，大家用各种办法到政府批块地。批来以后盖个商品房，精打细算盖起来，外面打扮得漂亮，然后卖掉。倒霉是你的事，同我没关系。"问舍求田，原无大志，掀天揭地，方是奇才"，那才是人生的目标。

我也常常问同学们，看过《三国演义》没有？他们说看过。那你会背吗？还有一次在香港，有人介绍一个很有名的学者，研究红学的专家。他来吃饭，我说你会背《红楼梦》吗？他说不会背。我说我背给你听，背了好几段。他愣住了，他说我是专家耶！我说，你不会背《红楼梦》，还是幼儿园水平呢。大家注意《三国演义》曹操和刘备论英雄那一段，刘备问什么才是英雄，曹操说："胸怀大志，腹有良谋，有包藏宇宙之机，吞吐天地之志者也。"这样的人可以算英雄了。这样的英雄哪里找？"今天下英雄，唯使君与操耳。"只有你我两个人啊，吓得刘备筷子都掉下来了，心想曹操非杀他不可了。

第三讲

南怀瑾：我们继续下午的课题。刚才讲到，我们这个时代已经非常明显，文化战争来了。新的课题就是认知科学，与经济甚至工商业的战争。大家好像没有感觉到风暴一样，其实一个新的风暴正在形成。今后的文化，不是东方西方，也不是中国美国，是整个人类的问题了。这个前提先了解，再谈认知科学。

刚才我向大家报告了哲学的范围：本体论、认识论、价值观。现在西方，尤其是美国，有哈佛大学，等等，许多有名的大学，都在研究认知科学，发展的势头很厉害的，但是我听了很好笑。认知科学是个什么东西呢？它包括了生命科学，也是哲学、科学问题，包括了人的生命是怎么来的，万物是怎么产生的。现在美国的认知科学最有兴趣研究的，是有没有前生、后世，死后有没有灵魂。他们找了很多资料，在缅甸、泰国、柬埔寨边境找了很多孩子，他们生来就知道前生。我也看过找来的录像带，他们的目标是研究生前死后的问题。

说到这里，想起个故事。杭州莲花峰东麓有块"三生石"，是杭州十六大遗迹之一。这是个传说故事。说唐朝有一位有名的圆泽和尚，与一位李源居士很友好，晚年时，他们想到四川峨眉山去看一下。两人商量，圆泽和尚坚持走长安斜古路，经成都到峨眉。李源坚持走荆州，经过三峡。最后，和尚拗不过他，只好如此。两个人经过三峡时，到了南浦这个地方，刚好看到江边有个妇女，大着肚子背着瓦罐打水。和尚一看，就对李源说："完了！告诉你不要走这个路，你不信，她姓王，怀孕三年了，就等我呢，现在见面了，逃不掉了。我这就走了，你念佛念咒帮我吧。十三年后，杭州天竺寺外，我与你相见。"然后，他洗了澡，换了衣服，端坐着就走了，李源难过得不得了。

十三年后，李源来到杭州找这位朋友，到处找。后来在一条河边，远远地有个孩子牵一头牛过来了，那个孩子作了一首诗，唱道：

　　三生石上旧精魂，赏月吟风莫要论。
　　惭愧情人远相访，此身虽异性长存。

我已经在这里了，当年我们在一起赏月吟诗那些事情都过去了，不要谈了。很惭愧，你从长安那么远的地方，跑来看我，我这个身体已经不是原来那个了，可是原来的本性我没有忘记，现在来看你一下。

李源问他："泽公健否？"圆泽和尚，你都好吧？那个孩子回答："李公你真是信士啊！我俗缘还没有尽，只有勤奋修行，等到不会堕落的境界，我们再相见吧。"于是又吟了一首诗：

　　身前身后事茫茫，欲话因缘恐断肠。

吴越山川寻已遍，却回烟棹上瞿塘。

过去现在的事情太多了，讲不清楚，不提了，讲起来恐怕伤心难过。我找你也找了许多地方，现在我们各自回去吧。唱罢就告辞了，不知所终。

李源后来被举荐为谏议大夫，可是他不想做官，住在寺庙里安心修行，一直活到八十岁。这是中国文化中有名的"三生石"的故事，苏东坡写的《僧圆泽传》里，也记载了这段故事。

我们回转来再说，现在美国的认知科学是怎么研究的？生命问题也是研究的重点之一。你不要认为美国人爱研究这些是个笑话，现在西方很多国家都在研究了。如果找出来个证据，说明究竟是唯物还是唯心，还是其他的状况，生命究竟有没有前生后世？那对全世界文化的影响就非常大了。

生命有没有前生后世这个问题，对中国的影响本来就很大。从汉朝时佛教传入以后，中国的老百姓无形中都相信有前生后世，佛教把这个叫作三世因果，六道轮回，这是佛教的基本观点之一。现在我们不牵涉佛教的哲学，而讲认知科学、生命科学这部分。美国现在这样在研究，而且根据西藏密宗的《西藏度亡经》《西藏生死书》在研究。

我有几位朋友是科学家，也在研究这个。他们来找我说："我们现在茫然啊，想来想去只好来找你了。"我就笑，说你们知道得太迟了，五十年前我就清楚了。他们问我："你怎么知道？"我说，当年美国和苏联开始冷战的时候，苏联秘密研究这个，花了很多钱，找了好几个蒙古的喇嘛、西藏的喇嘛、道家的人，学习打坐。他们打起坐来，可以出神，俗话叫灵魂出窍。苏联为了什么目的呀？为了做情报用。如果一个人真的可以做到出神，到人家公司里拿数据的话，数据锁在铁柜里头都没有用。四十多年前，我在台湾看到这些资料，讲得神乎其神。说是甚至研究到一个人站在那里，手这么一指，飞机就停了，不能飞了。相当于前一段时间，有些人玩特异功能一样。他们问我，我说不可能，这些神话是骗人的,这是冷战时的战略。后来美国知道了,美国国防部也开始搞这个,也花了很多钱。

二十年前,我在美国,美国加州大学一个教授来找我,也问我这个问题。我问他从哪里来,他说刚从武汉大学来。武汉大学曾集中调研了几十个小孩,天生有这个本事的,正在培养,正在研究。我问,你看到了吧?他说看到了。我说:"今天我可以断定最后没有成果,拿不出成果来。这是一个神经性的精神的问题。"这位教授听了,分手时说:"你的话我记住了,待考。"我说:"应该,等将来结果出来求证吧。"

现在,不只研究人的生死问题了,美国集中很大的精力,同时在研究人的灵感、直觉究竟是怎么一回事。有些年轻人买股票的,玩八卦、搞预测,他们问我灵不灵。我说,小事可能灵,大事保证你不灵,绝对不灵。你要倒霉就很灵,发财是永远做不到的。运气不好非常灵,好事就不灵了。为什么?这里头就有问题了。

现在认知科学大概走这个路线,你们不要轻视了,他们正在全力研究。

究竟这个认知的问题是怎么一回事?几位搞科学的朋友问我,我说,中国几千年前的文化里头就有这个。几千年以来,四书五经这些经典,知识分子都读,不但读,还要背。明清以来,不但读这几本书,还要读朱熹的批注,还要背下来,不背下来,是考不取功名的。

四书五经的第一本书就是《大学》,是孔子的学生曾子写的,就是讲这个问题。我们当年一上学就开始背这个了。《大学》开始就讲:"大学之道,在明明德,在亲民,在止于至善。知止而后有定,定而后能静,静而后能安,安而后能虑,虑而后能得。物有本末,事有终始,知所先后,则近道矣。"

这一段很重要。注意这个"知"字,我们思想能够知道事,究竟是什么东西的作用?接着,"古之欲明明德于天下者,先治其国",这是政治的大原则了。"欲治其国者,先齐其家;欲齐其家者,先修其身;欲修其身者，先正其心；欲正其心者，先诚其意；欲诚其意者，先致其知。致知在格物。"注意这个"知"。

接下去，"物格而后知至，知至而后意诚，意诚而后心正，心正而后身修，身修而后家齐，家齐而后国治，国治而后天下平"。

中国过去的教育有个目标："自天子以至于庶人，壹是皆以修身为本。"从皇帝开始，到任何一个老百姓，教育的目的，就在这个修身、齐家、治国、平天下，一贯的系统。

讲到这里，我又要插一个问题了。现在教育的情形，就和一九五○年到一九六○年，台湾地区那个情形相似。工商界的人，一下发财了，大家都疯了，纷纷出国去，都不要这些古老的东西了。后来慢慢后悔了，又去找了回来。

这个时候，需要"知性"了，这个"能知之性"究竟是个什么东西？究竟是唯物的还是唯心的？譬如我们睡眠，当你在睡着以前，你知道自己是怎么睡着的吗？答不出来。这不是玄学的问题，是科学的问题。当我们早晨醒来的时候，刚开始醒的时候，你能不能够知道，第一个思想是什么？第一个感觉是怎么来的？你当然也不知道。一个是睡着前后，一个是刚醒来，这还不讲生死问题。

要知道，我们这个思想里头，分析起来大概有六个部分，第一个叫"根本心"，是我们自己动念要做一件事最初的动机。

我们这个根本心一作用的时候，同时伴随了一个功能，叫作"随行心"。

譬如，我们看到一个好吃的东西，就想吃，这是本能的，是"根本心"。但是，这个东西我想吃，可不可以吃，不知道能不能吃，这个是跟着来的，这是"随行心"。

第三个心是连带着来的，当着这么多人不好意思了，怕人笑话，心中起了很多差别的观念，这叫"伺察心"。

第四部分作用，也是同时来的，自己决定要吃，肯定要吃，叫作

"确定心"。

第五是"总摄心",把伺察差别意识,总归于根本心,而产生了行为,去吃。

第六是"希求心",吃了很好吃,然后想办法把它变成一个商品,使大家觉得好吃。

所以说,我们的思想,一秒钟可能同时有五六个部分在起作用。

这几个心理作用,都是知性来的。我们平时用它,自己却不大知道。那么,有没有我们没想到的事,事先会知道的?在我们的思想里头,在我们生命的功能里头,的确有这个作用。因为有这个作用,就产生了好几条研究路线。

第一条路线是催眠术。催眠术是从印度、中国传到西方去的。当年北京大学的校长蔡元培,他是浙江人,到欧洲留过学,中文很好,四书五经都会,留学时研究的是美学。北大的招牌那么好,就是他的功劳。他非常相信催眠术,专门写了一本书《催眠术》,你们没有看过吧!现在我问,大陆还有没有懂催眠术的?好像没有几个了。

现在美国研究认知科学,催眠术也是一部分。催眠术在医学上治病,或者做科学研究,非常流行。医生把一个人催眠过去后,诱导他:"你看到什么了?"他说:"我看到一点光。"医生说:"对了,这是时光隧道,你向前冲。"他说:"我冲过去了!"医生问:"你看现在怎么样?"他就一边哭一边讲,看到过去了,我的亲人在那里,都看得到。这是第一个路线。

第二条路线,是研究梦。有一种修持、修炼的方法,叫作梦成就,修梦。训练自己这个脑神经,在梦的境界里知道明天的事、明年的事,或者未来不可预料的事。譬如做生意,这个生意好不好,先要求一个梦。过去有这个事,在庙里睡一夜,叫作圆梦去,等于求签算卦一样,都是不可知的事,求个先知。

曾子《大学》里的"致知在格物",注意这个"知"字。人的知性哪里来?譬如几千年前佛学就讲,胎儿在妈妈肚子里四五个月时,已经知道外面的事了,现在科学刚刚证明这个。中国几千年前的教育从哪里开始呢?从胎教开始,一怀胎就开始教育了,现在中国人自己丢掉了。但是这些书、这些方法都还存在,我们自己不研究,很可怜。看到外国人一研究,我们就叫好了。有许多事情我当年都讲过,许多同学跟我说,老师你几十年前讲的话现在应验了。我说:"又应验了,又对了!可惜我的鼻子不高,眼睛不蓝,当年告诉你,你不相信。我如果蓝眼睛、高鼻子,你一定相信。"中国的教育从胎教开始,在《礼记》等四书五经中都有记载。怀胎的时候,夫妻都分房,孕妇看的书,家里的摆设什么都不同了,这是开始教育了。

孩子生出来以后,家庭教育开始了。像我们以前出去,人家说:"这个孩子真好,很有家教。"或者:"这个孩子没有家教。"现在家教不同了,请个家庭教师到家里教。我说,把孩子的教育完全交给学校,绝对是个问题,自己家庭本身的教育很重要,中国的古礼,由胎教到家教,六岁开始读小学。

什么叫作"小学"?包括说文、训诂两个内容。说文是什么?比如古文的"上、下、天、地",宇宙最初什么都没有,后来一划开天地,上面是天,下面是地。一划上面加一竖,是"上";下面加一个"人"字,是"天";一划下面加一竖是下。这个是小学的说文,教孩子认识字。中国字同外国字不同在哪里?《康熙字典》有近五万个字,但真正几千年来常用的只有三千个字,差不多每个方块字,都包含几个义项。认识这些字以后,可以读懂古人写的书了,自己写东西也可以言简意赅,变化无穷了。训诂,就是解释这些方块字组成的词句,以便学会读书作文。

中国的古人认为,语言最多三十年一个变化,因地域不同带来的语言变化也是一种,所以把语言和文字分开。后人只要花两年的时间,学会一两千个字,几千年前的书就能读懂了。外文不同了,譬如英文,现在已经有一二十万个单词,还在不断地发展增加。一百多年前的外文古书,现在人已经看不懂了,非要专家研究不可。中国文字的不同就在这里。

可是,现在变了,现在中国人自己的古书看不懂了,这是非常滑稽的事。过去小孩子用两年的时间,学会一两千个字,古书就可以看懂了。这叫作读"小学"。

那么,这种知性从哪里来呢?这种知性,据说可以从前生带到后世。譬如,白居易一生下来,婴儿的时候就知道"之无"两个字。随便怎么样,他总是能很容易找出这两个字。我有一些老朋友,也讲到这类的事。有句话说"书到今生读已迟",有些人学问很好,记忆力特别强,文章又好,大约许多书是前生读过的,他早就记得了。

讲到知性的问题,这个贯穿三生的知性带来许多作用。外国人现在拼命研究,中国人却不知道资料在哪里,其实都在中国的传统文化里。这个要请教我们的三位大老师,孔子、老子、释迦牟尼,两个是中国人,一个是印度人。其实,我们也可以说有五位老师,另外加上耶稣、穆罕默德,那么五位老师有三位是外国人。讲认知科学,讲得最详细清楚的,是佛学里的唯识法相学,可是也是最难懂的学问。

大家都晓得唐僧取经,唐朝玄奘法师到印度取经,取回经典后,他的专长在哪里呢?在法相唯识学。可是现在,唯识学没落得没有人知道了。我年轻时有个非常狂妄的言论,我说玄奘法师的文学不够好,翻译经典时,运用印度的因明学来表达,科学的东西用逻辑学来表达,一般人很难看懂,如果翻译家晓得训诂学,翻译出来的文字就会比较通俗易懂。他翻译得太真实了,文字不流利,尤其现在白话文流行,一般人更难看懂。中国文化宝库靠一把"钥匙"打开,就是古文。古文、古诗学好了,白话文、白话诗也自然会写得好。

你看中国文字,比如"窮"(穷)字,好像一个人穷了,身子弓着躲在洞穴里不敢出来。这个"富"字,田地很多,比如你们房地产批得很多,然后戴个高帽,耀武扬威的,嘴巴乱吹的样子。"家"是什么?上面是个房子,下面是头猪。你到西双版纳、缅甸去看,许多房子上面住人,下面养猪牛。又如,"男婚女嫁",男的昏了头,女的就来嫁你了,把男的看住，当猪一样养，就是"家"。这个不是真正的说文，不过也是一种说文。"田"字代表土地，下面拉长了，分开，上面披个头发，叫作"鬼"，鬼是向地下走的。"田"字上面出一点头就是"由"，表示草木萌芽了。上下都伸开，就是"申"，表示伸开了。

五四运动后，提倡白话文，当年我们是反对派。白话提倡以后，文化都断了，大家看不懂先人写的书了，我看这问题很严重。像《水浒传》《西游记》《金瓶梅》，等等，都是当时的白话文，现在一看都变成古文了。

我跟外国人讲，你们的文字很糟糕，我们古人是把文字和语言分开的。他们说，你们现在也出问题了。我说，是啊。比如，我们只用一个"电"字可以解决很多问题，插电煮水的叫"电杯"，看得见东西的叫"电视"，听得到声音的叫"电话"，可以睡的叫"电热毯"，触类旁通，很简单易懂。外文不得了，每发明一个东西，要新创一个名词，越发明，词越多，多到自己都不认得了。

这是讲到中国文字同知性的关系。现在我讲了那么多，回到这个"知"字上来。我给大家报告了这些，同"知性"的"知"字有没有关系？希望大家冷静下来想想，是有关系的。

大家都是当今社会上优秀的人才，那么，关于工商界的前途、金融、经济，以及我们的发展，究竟要怎么走，这就是"知"的问题了，也是个认知的问题。这个认知要搞清楚，如果搞不清楚，问题很大了。

我今天只能给大家报告到这个程度。对不起，你们不远千里而来，找我这个老顽童。大家有一些问题要问，对不起哦，你们提出来的问题，我知道的答复你们，不知道的当然不能答复喽。

问题一

南怀瑾：请坐请坐，不要站起来。你站起来，我也要站起来了。

听众甲：南老师，请问您对金庸小说怎么看？

南怀瑾：哦，我看过。我可以答复你，你不要问下面的话了。我一辈子有个原则，也是几十年的习惯，提古人可以，对今人，我不加是非。这是一。第二，我可以给你吹牛，我一辈子读书数万卷，读过的武侠小说，古今中外的，超过万卷，乃至那些禁书，都看过。

问题二

听众乙：南老师，请问"无所住而生其心"和记不住而生其心的区别。

南怀瑾：区别很大。记不住而生其心，是脑子昏聩了，容易忘记，中医叫作健忘症，那是一种病态，中医可以给你吃一点补肾的药。注意，补肾不是补后面两个"腰子"，所有补肾的药就是补脑的药。无所住而生其心，是心境非常活泼，不被任何一个现象拖住，是非常潇洒的、空灵的，乃至倒霉也不掉眼泪，不伤悲，得意也不特别欢喜。心境是清风明月，非常潇洒的。

问题三

听众丙：南老师，最近有很多科学家在说，我们老祖宗的智慧影响了中国科技的发展。比如说，《论语》《大学》，尤其是《易经》，您怎么看？

南怀瑾：这个资料我看到了。刚才我说过，对今人，我不加是非。

听众丙：那么，您认为，比如佛学，是最早的科学呢，还是妨碍了中国科学的发展？

南怀瑾：有个逻辑问题要搞清楚。一般科学家讲中国的《易经》等都不科学，他们讲错了。其实那些都是科学的，是那个时代、那个地区的科学。科学发展到今天，包括爱因斯坦，包括现代人在内，也不能完全算是科学家哦！到明天，或一百年以后，有个新的定理把他们推翻了，他们也不行了。所谓科学，是个未定的结论，如果拿现在看认为以前都不对，那他是不懂科学。因为你要晓得，前面的东西有它的价值，它的应用有它的道理。假使说，现在人把古人的东西都推翻了，等于说，我们骂自己祖宗十八代都不是人。当然不是人，变祖宗了嘛，变成鬼了，都过去了，可是没有老祖宗，也没有现在的我们。

你问《易经》是不是科学，要懂了《易经》以后再来研究，不要贸然听信别人的话。现在的人动不动就讲科学，老实说，真正了不起的科学家，不敢随便讲自己真懂科学。一个学问好的人，如果认为自己的学问比任何人都好，这个人已经没有学问了。一个真正的科学家是非常客观的，他是专家，不是什么都懂得，对不是自己专业的事情，不敢断定。这是我答复你的。对不懂的东西，不要随便评判。

问题四

听众丙： 我再问一个问题，您在《金刚经说什么》中讲过，人生最大的福气是清福。不晓得您现在是否还是这样认为？

南怀瑾： 我告诉你一个神话故事，有个好人死了，去见阎王，阎王打开记录一看，说："你太好了，来生还要做人，享最好的福气。"这个人就问阎王："我来生做什么人呢？"阎王说："你想做什么人呢？"这个人说："千亩良田丘丘水。"等于说是有很多房地产的商人啊，比李嘉诚还富有。"十房妻妾个个美。"十个太太，都非常漂亮，还个个听话。"父为宰相子封侯。"父亲做国务卿，儿子当省长。"我在堂前跷起腿。"年轻时做高干子弟，老了做老太爷，自己什么都不干，享清福，多好！这个人讲完了，阎王站起身说："哎，老兄，世间真有这等事，你做阎王我做你！我跟你两个换一换。"

问题五

听众丁： 南老师，我听您好像看不起做房地产的，说是"问田求舍，原无大志，掀天揭地，方是奇才"。可不可以这么理解，"问田求舍"，盖农村的小房子是胸无大志，盖高楼大厦方是奇才？

南怀瑾：哈哈，有道理，我引用古诗故意讲讲那个道理。搞房地产，当然有大志了，我有好几个朋友都是搞房地产的。现在搞房地产也是掀天揭地呀，明明好好的土地、农田，把它改了，把地都挖了，不是掀天揭地吗？所以搞房地产的也是奇才。呵呵……

对不起哦，我向诸位道歉，大家那么远来，听我乱七八糟吹一顿。

问题六

听众戊：南老师，刚才您讲人生观，我听了半天，我想对于人从哪里来，到哪里去，为什么活着，您能有一个明确的答复。

南怀瑾：哈哈，问我啊！你是问我个人，还是讲什么？

听众戊：问您个人。

南怀瑾：问我个人啊，我姓南，我的办公室叫南（难）办，所以都不好办。呵呵……我们笑话归笑话。你这个问题是所有人、全人类的问题，很难答复的问题。假使写书，几十部书都写不完，这就是人生一个大问题。以我几十年的经验，认为世界上任何一种学问，哲学、科学、宗教，乃至乱七八糟的学问，如果同人的身心性命没有关系、没有作用，是不会存续的，自然会被淘汰了。东西方、全人类所有的文化都是为了生命的作用而建立的。

从古到今，整个人类的文化都很年轻，永远只有三十岁。我有一本书《亦新亦旧的一代》，讲代沟问题时，讲过这个。讲教育的话，看这个孩子将来做什么，你要注意观察清楚，一个小孩子的动作和幻想，这个叫性向问题了。世界上做父母的有个很大的错误，望子成龙，望女成凤，自己做不到的希望儿女做到，自己倒霉的，希望儿女飞黄腾达。笨家伙希望儿女将来做大学问家、大科学家。这是非常错误的。不过，遗传常常是反动的，最聪明的父母常常生出笨孩子，有时候最笨的父母会生出绝顶聪明的孩子。一个小孩子的幻想已经决定了他的一生了。假使孩子不是这块材料，父母千万不要向这面去推他，会害了他。

人受教育以后，到了二三十岁，是完成小孩子时那个幻想，让它成长了、成熟了。到了中年是配合知识、经验，实行二三十岁时的思想。到了五六十岁，是回忆欣赏而已。世界上，科学家、学问家，等等，真正的成就，都是在三四十岁这个阶段实现的，乃至著书立说也是如此。一个科学家，到了四十岁还没有成就，就算不上科学家了，不过是个学科学的罢了。四十岁以上，体能也下降了。你们现在结婚、受教育都很迟了，耽误了好时光，这个很划不来的。

我乱七八糟把你的问题扯开了。

问题七

听众戊： 那么，请问您的宗教信仰是什么？

南怀瑾： 人家都讲我信佛教。我说没有，我真正信的是睡觉。呵呵……

什么宗教我都研究过的，最佩服的是佛教。准确地说，我不是佩服佛教，是佩服佛讲的这个学问，叫作佛学。佛教、佛学、佛法这三个范围不同，我佩服的、皈依的、信仰的，是佛法。佛教是宗教，到庙上修个佛像，拜拜，这是宗教。真正的佛教反对拜偶像，佛反对拜偶像，是后世把他供起来的，没有办法，他也管不了。所以，我一辈子对于宗教的研究，最崇拜的是佛法。至于佛学，里头包括了哲学、宗教、文学，等等，什么都有。

所以，你问我信仰什么，我信仰睡觉。就是刚才第一位先生问的"无所住而生其心"。一切不受拘束。

问题八

听众己： 南老师，有句话说，认为自己最高明的人就是最笨的；认为自己最笨的人就是最厉害的。您怎么看？

南怀瑾： 两句话都对啊。自己认为自己最笨，世界上有没有这么一个人？每个人都认为自己很聪明的，我常常说，世界上人往往认为最漂亮的是自己。你漂亮，他漂亮，看镜子里的自己，越看越漂亮。人天生都有一个"慢心"，"我慢"，这是佛学的说法，任何人都天生觉得自我崇高、自我伟大，没有人认为自己是最笨的，你们研究自己的心理看看。

但是，也没有一个人认为自己是世界上最聪明的，假定有这么一个人，这是不正常的心理。他越是这样，越是害怕自己。我常常说，有很多傲慢的人，你研究一下他们的心理，他的下意识一定是有自卑感的。因为有自卑感，他就傲慢起来了，生怕你看他不起。那就产生这个"我慢"了。所以我认为，没有人会认为自己是真笨的人。

问题九

听众庚：我的问题是，为了追求像您这样"无所住而生其心"的境界，到处寻师访友，读经史子集，读经、律、论三藏，这样一来，反而限制了自己，好像逐物迷方，为了自由，反而不自由了，陷进去了。

南怀瑾：对了，你讲得对，我百分百同意。

听众庚：那怎么解决呢？

南怀瑾：我也给你讲个故事。明代有人在笔记上记录了这么个故事：有人每天半夜子时起来烧天香，在家里拜，也不管信什么宗教，就是拜神，很虔诚，很恭敬。有一天，他正在烧天香，一位天神出现在前面。他还没开口，天神先说话了："你每天子时烧天香，求天神，究竟所求的是什么事？"这个人说："我只求一件事，不愁吃，不愁穿，名山胜水到处走访，观光游览，读读书，弹弹琴，再有个红粉知己、绿颜知己呀，都加上，一辈子清闲。"天神一听："你要求功名富贵，什么都答应你，唯有你这个请求没办法，此乃上界天仙的福气，我做不到，不能答应你。"

你问假使自己做到这些，还给困住了，怎么办？我姓南，我的办公室叫南（难）办。

第二章 大会计？*

第一讲

夏大慰（院长）：尊敬的南老师，各位来宾，各位学员，大家下午好！非常感谢各位能参加第七届上海国家会计学院论坛！今天我们非常荣幸地邀请到了著名国学大师南怀瑾老师。大家都知道，随着我们国家对外开放政策的推进，在引进并吸收西方发达国家先进技术和文化的同时，我们中国的传统文化却有被遗忘的危险。有识之士认识到这一点，奔走疾呼，为传统文化的传承贡献心力。国学大师南老师便是其中之一。

南怀瑾老师被尊为学者楷模，集中华传统文化之大成，道德文章，名闻天下，是一位极富传奇色彩的人物。南老师学问博大精深，著作等身，内容涉及儒、释、道，融合了诸子百家的学说。因为有特殊的人生经历为基础，所以他的生命体验，往往与纯粹的学者不同。不仅如此，南先生的学说还深入浅出，他常常能把深奥晦涩的命题，用最明白晓畅的语言表达出来，使得普通大众能够更容易理解传统文化的精髓，为传统文化的普及做出了极大的贡献。

---

* 时间：二〇〇四年十月二十三日。
地点：上海国家会计学院六百人报告厅（另有四间百人教室现场电视直播）。
听众：上海国家会计学院高级工商管理硕士（EMBA）一期、二期学员，高级专业会计硕士兼财务总监（EMPAcc）一期、二期、三期学员，以及其他班学员；长江商学院部分学员；还有闻讯而来的学者、商界人士等，共约一千人。
录音记录：刘煜瑞。
初步校对、编辑：马宏达。

南先生的为人处世,同样值得我们后辈好好领悟和学习。无论是身处困境时的安贫乐道,尽心著述,还是名满天下后的谦虚谨慎,都显示了一种安之若素、虚怀若谷的人格精神。

近年来,南先生还在不断地推动儿童学习中国文化经典活动,希望通过对下一代的培养,使传统文化得以保存。

南先生字里行间都在鼓励现代人建立一种卓尔不群、矗立风雨艰危中的精神。他还主张从历史中学习经验教训,作为当下决策的参考,这些都是启发智慧、发人深省的观点。

今天来我们学院的高级工商管理硕士(EMBA)、高级专业会计硕士兼财务总监(EMPAcc)和其他项目的学员,以及各位来宾,都是各界的精英,相信大家都能够从南老师的学说和演讲中,领悟到不少做人做事的真谛。我想这可能也是今天在座的各位学员和来宾,最想收获的。这也契合了我们学院举办 SANI 论坛的宗旨。

大家知道,上海国家会计学院成立至今,一直非常注重对高级经济管理人才的培养。在日常的培训中,不仅注重提高学员的专业技能,更时刻以"不做假账"为校训,时刻注重提升专业人士的职业操守和个人素养。我们希望让更多的学员,通过 SANI 论坛这一交流平台,博采众长,获取信息,从而能百尺竿头更进一步。

此次邀请到一代宗师南怀瑾先生主讲,对于论坛本身来说,拓宽了研讨的学科范畴,是一次大的突破。对在座的各位学员来说,能得到这样一位贤师的口耳相传,亲身传授,是一次非常难得的机会。今天我碰到很多学员和来宾,大家问我最多的一句话就是:"你们怎么能够请到南老师?"有学员跟我说,看南老师的书本身就是一种激励,更不用说能够亲耳聆听南老师的演讲。所以在此,我要对我院高级专业会计硕士兼财务总监(EMPAcc)二期学员、双林律苑住持体悟法师,表示深深的感谢!没有他的极力促成,我们也无缘聆听到南老师的精彩演讲,一睹大师的风采。

下面，我们大家以热烈的掌声欢迎南老师给我们做精彩演讲。

南怀瑾： 诸位先生，刚才院长讲的一番话，我一边听，一边脸红，大概大家隔得很远，没有看到。我觉得，院长一定是个学油漆专业的人，把一个人的脸上漆得非常光彩。我向大家介绍我自己，对于自己有一个评论，活了一辈子到现在，八个字：平生"一无所长"，同时也"一无成就"。偶然有一点虚名在外而已。

我希望大家注意一件事，世界上有一个最骗人的东西就是虚名。什么叫虚名呢？徒有其名，没有真正的内容。所以，古人有两句诗很好："原来名士真才少，偏是僧家俗气多。"有名的人，不见得真有学问，这就是"原来名士真才少"。下一句牵涉到体悟法师及下面两位法师，出家人，"偏是僧家俗气多"，本来出家人应该很高雅的，没有俗气，结果出家人变得俗气了。比如院长讲到，因为体悟法师的关系，拉我来了，这是体悟法师变得非常俗气的缘故。刚才院长也提到，很多朋友看过我的书。所有的书，我到现在自己一概不承认。人家问我著书干什么。我说为了吃饭，卖稿费。真正我要说的话，我要写的书，到现在还没有动手。因为这个八九十年当中，要写东西，真话不好说，假话不愿意说，所以就没有写真正的书了。至于现在写的书啊，都是为了吃饭的。

清朝有个名士叫龚定盦，他有一句话，"著书都为稻粱谋"，写文章是为了吃饭的。这是我针对院长刚才这一番话，好像在法庭上为自己辩护。院长是"原告"，我是"被告"。他把我说得太漂亮了，很多是靠不住的，他是在恭维我。

我看了很多书，现代人的书，我也看了很多，随时有好书都看。我常常告诉青年同学们一个人生的经验，我说，有时候我愿意读那个人的书，但不愿意看到他这个人。因为我相信一句话，"读万卷书，行万里路"，这是引用司马迁讲的话。我觉得司马迁的话还不够，依我的经验，还要加一句，交一万个朋友，各行各业很多朋友都要认识，那样才能够真正了解人生。

我发现有些人，看了他的书，觉得非常好，非认识这个人不可。一见到这个人啊，完了，心里就跳出来古人讲的四句话："久闻大名，如雷贯耳，今日一见，不过如此。"因为看了这个人，心中感觉很难受，就很后悔去见面。有时候刚好相反，有些学者学问很好，愿意跟这个人做朋友，却不能读他的书，因为文章写得一塌糊涂。所以，两样配合不起来。刚才院长讲我的这一番话，现在说明了这些道理，大家就可以了解了。

这一次到这里来，是向大家做一个报告。我有一个感触：我一辈子在大学里教书，有一个习惯，就是上课不点名。过去在大学里，训导处的人还站在旁边点名，我就把他轰出去。我说："如果上课要你来点名，把学生押来听课，我就不要教了。"会吹牛的人，一定能把人家哄来的。这是说明我这一次来的心情，我每次上课就是让大家来考我，现在我也是这样。因为我上课不点名，所以我也不看人的，因为看了人以后难为情，万一有句话讲不好，再见面不好意思。这一次能够来，说起来是很久之前的事情。因为吴毓武老师、陈定国老师，这两位都是我的老朋友，讲了很久了。后来再有体悟法师的关系，夏院长礼贤下士，又特别来看我。加之我是唯情主义者，因此我想，这一次必须要来了。

可是，这里是会计学院，我是到现在连钱都不会数的人，我跟你们坦白，我从小用钱到现在，只晓得一把抓。因为我是独子，被妈妈宠惯了。我们当年用的是银元、铜钱，我妈妈怕我用钱不方便，所以她用一个竹篓子把钱装好，放在我枕头边，我用钱的时候一把抓，不管是铜钱、银元，往口袋里一放就跑了。因此，我到现在都不会数钱。

而且，我还有个习惯，不喜欢用旧钞票。旧钞票一摸，我一身汗毛立起来了，觉得好脏啊，不晓得有多少手摸过多少次了。所以摸了旧钞票，一定要洗手的。我喜欢用新钞票，也就是这个原因。不过，新钞票有时候不容易数，数不清，结果就变成你数吧！所以有时候多给人家一两张，少拿一百块也有。熟悉的同学都知道，我要买东西的时候，他们就把钱抢过去说："老师我去买吧。"因此，一个不会数钱的人，到会计学院来讲课，真是好奇怪的事。而且，我的数学啊，从小就打零分的，大概除了会加会减以外，别的都弄不清楚。

我年轻的时候也学过打算盘，而且人家说我打算盘打得很好，因为别人夸赞我，我就不打了。就像我一辈子不会写毛笔字，有些人偏要叫我写字，我就很痛苦。因为当初我写字的时候，有些老师是名书法家，说："哟！你写得真好，将来一定成书法家。"我听了这句话就不写了，为什么啊？唉！我写字写一辈子，就是给你们挂着去玩哪！就不写了，此其一。第二，我看了许多书法家，临老满屋堆的都是纸，到死的时候，这个字债都还不清。我想我字写好了，变成书法家，不是一辈子干这个事吗？就不写了。

打算盘也一样。我年轻时，因为我家里有好几个店，有绸缎店、米店、南北货店，所以我在店里跟着小店员也学打算盘，我学得快，还打得比他们好。他们说，你这样将来一定是"算盘"啊，也就是会计第一。我说：我不打算盘了，一整天坐在柜台上管账，当那个账房，多麻烦啊！我是志在天下的人，哪能天天给你管钱！我是要用钱的，所以不管账，就这样学不会了。

所以，我心里想，要到会计学院讲什么题目好，真想不出来。可是我对会计非常有感情，也有一套想法。因此，院长没有问我，吴毓武教授、陈定国教授也没有问我讲什么题目。他们晓得我素来讲课乱七八糟的，乱吹牛，反正使人家觉得"吹"得好听，就叫作上课了嘛！因此，忽然一想，这一次题目就叫作"大会计？"我对院长说，你要用笔写"大会计"三个字，下面打一个问号，就是讲这个问题。

讲到这里，我先要讲个笑话给大家听，诸位听了不要见怪。我在台湾的时候，有一位大学教会计的教授，非常有名，福州人，头发白了，我非常敬佩他。我笑他一辈子安静得像处子，处子就是处女，温文尔雅，学问又好。我们俩讲笑话，我说我在美国听人家讲，学会计、财经的人，一辈子圈子越画越多，本来十块钱，而后一百块、一千块、一万块，以后多少亿。

当时我们讲，像搞银行、财经、海关、金融、会计的，都是这个模式。当然圈子越画越多嘛，地位高了，看的账数目越来越大了，车子是越坐越新，房子是越来越大，人就越来越渺小了。因为懂了会计，什么都不敢放手，所以越来越渺小。老了以后，儿女也长大出国了，两老住在家里，房子也大，车子也新，看着电视，两老的感情也差不多了，背对背看电视，流泪眼观流泪眼，断肠人对断肠人，就是这么一个人生。

这是一个笑话。可是这个笑话，大家注意哟！不一定只讲会计师，只讲学金融的人；我看了整个的人生，任何一个人都是这样。

第二个故事，我在美国的时候听到的，我想大家也知道。这个故事后面有内容，你们自己去想吧！有个老板，他要招考一个总经理，考了很多人，有经济学博士，什么博士都有，都没有录取。这个老板已经考得很烦了，考了好几天都找不到一个合适的总经理，最后来了一个年轻人，他问："你学什么的啊？"说学会计的。"喔，那好，我们这个公司招考的内容你都看了，请你做总经理，而且兼管财务，你要怎么样管理啊？"这个人站起来，在老板耳朵旁边讲一句话："老板，你叫我怎么办，我就怎么办。"这个老板就用了这个人。

还有一个故事，也是在美国听到的。一个老板招考总经理，也考了好几天都没有结果。后来有一个人进来应试，看到丢在地上的小小一张报纸。这个人一边走，一边看着这张报纸，很不舒服，就把报纸拿起来，叠得好好的，放在茶几上，再进来跟他谈。这个老板一看，好了。"你叫什么名字？我就请你做总经理。""老板，这样就可以了？一见面就可以了？""可以了！"因为老板这张报纸放在那里，就是考试，那么多人，谁都不理，都只想求职，没有人管环境。这个人就不同，所以就请他做总经理了。

这三个故事讲完了。我刚才讲过，我不懂会计，连钱都不会算。可是，我对会计非常有感情，这中间有个道理。

诸位都看过很多小说吧！我想大家跟我一样，最喜欢看小说。我看书是这样的，一边是佛经，一边是些很难思考的问题之类的书，一边又是小说。因为看到思想不通的时候，就抓起那本小说来看，哈哈一笑，把脑筋换一换。这是做学问的办法喔。真的喔！当一个问题研究不清的时候，你在那里想，在那里研究，会发疯的。最好看另一种学问，一种跟这个主题不相干的，这样脑子就换过来了。这是把真的读书经验告诉你，所以我的案头什么书都有，连武侠小说也看得非常多。

不久前，在上海给清华大学学员讲课，讲完了，有一位提出问题，问我看过武侠小说没有。我说，要说武侠小说，古今中外武侠小说，我看过万卷以上，这是真的。

大家看了那么多小说，有一个大问题出来，是关于武侠小说的。在台湾写武侠小说的人，我差不多都认识，都叫我老师。有一次吃饭，都是他们这些人。我说，你们这个武侠小说啊，我都看了。写是乱写，可是我喜欢看。我问他们怎么写的。他们说，老师啊，看你的书来写的啊。我说这什么意思，他们说，你的书写佛写道，我们懂个什么啊，就照你那个样子编出来的。此其一。

第二，我说：你们写小说，有些内容真无聊，那些大侠，每一次请客，叫的都是些馆子菜，端上来都是红烧蹄子、樟茶鸭……我说，你们一辈子就吃过这一点东西吗？各地有各地的菜嘛！我告诉你，过去有一部旧小说，叫《蜀山剑侠传》，也叫《峨眉剑侠传》，这个人还写了《青城十九侠》。我说他真会写小说，他把各地各样的菜怎么做都写出来，写小说要知识渊博啊！

第三，我说：你们写小说有个问题，重大的问题，这些侠客懂不懂会计啊？上来只管叫来满桌子菜，吃完了以后，嘴一擦就走了，好像钱都没有付。而且，每天到处吃，吃了以后，这个钱是从哪里来的啊？

爱情小说更糟糕了，只要有爱情，就不要吃面包，也不要吃干饭，好像饿着就是爱情。奇怪吧！买一束花送给这个小姐，这个花多少钱啊？都不懂会计！

你们看《三国演义》，刘、关、张结义，三个穷光蛋，刘备是卖草鞋的，关公是逃犯，张飞是卖猪肉的，他们起来招兵买马，但第一笔钱是谁给的啊？《三国演义》里头没有写吧？你们看看，这都是会计问题喔。所以说，读书要懂会计。《三国演义》没有写出来钱的问题，我开始想，张飞是卖猪肉的，屠户一定有钱，大概是张飞出钱。其实不对，后来我才查出来，他们三个人起义时，是两个大老板给他们第一笔革命的钱；这两个大老板是马贩子的头子。

那么，曹操这个集团的钱是哪里来的呢？是夏侯家的。曹操本不姓曹，他是夏侯家的孩子，被送给人家做养子的。夏侯家是大家，有钱的。至于东吴的孙权呢，反正是地痞流氓，钱是占来的，你的就是我的，我的也是我的，这样抢来的。这是钱的问题，也是会计问题喽！还有，你们喜欢研究《红楼梦》，《红楼梦》每天的账单有多少钱，都没有人研究。

所以，古今中外的小说，都忽略了会计这一点，整个问题因而就出来了。人类的秩序，到底还是与钱关联的，还是需要会计的。所以，你们到会计学院上学，多伟大！学了这个真伟大。因此，我跟院长谈，出了这个"大会计？"的题目。现在我们上海有了这个会计学院，这是历史上第一个。可是，全世界的会计，是从中国人开始的，从大禹开始的，所以把大禹的文献特别给大家找出来。

我们的历史几千年，所谓三代公天下。公天下是民选的，唐尧、虞舜，都活了一百多岁喔！尧把天下交给舜，舜把天下交给大禹。大禹治理黄河，用了九年把水利修好了，奠定了中国农业国家的基础。如果没有大禹，就没有中华民族，没有这个国家。当年没有机械，大禹九年当中把黄河，以及其他小的水利，统统修好了，把泡在洪水里的一个国家，变成以农业立国的国家。大禹把中国水利修好了以后，接手做皇帝，八年后死了。

我们中国历史上有个特别的纪年方法，叫作干支纪年，这叫六十花甲。不管哪个政权,哪个人当皇帝,以历史发展的时代,六十年一轮转,用这个天干地支纪年。我相信,你们这个年龄的人,都没有好好研究过中国文化,换一句话说,你们没有中国文化的根基,中国历史不懂,地理也不懂。像我个人,对不起,我要向你们吹牛了,我十三岁已经把中国四五千年的历史读了三遍了,读的还是原文,也没有老师教我喔!寒暑假,一个人在山上庙里补习来的。

下面你看这一篇摘录《纲鉴易知录》卷一:"癸未,八岁。"大禹接手做皇帝。按现在西方的历法计算,这是指公元前二一九八年,距现在四千二百零二年了。这个民主的皇帝,把水利工程完成后,舜才禅位给他,他做了八年。"巡狩江南",安徽、江西、浙江、江苏,都叫作江南。过了长江,就到江南视察,召见诸侯们。大禹后来是死在会稽山,也葬在会稽山。

绍兴的会稽山,原来叫作茅山,因为大禹当初召集了全国的诸侯来,"大会计,爵有德,封有功,更名茅山曰会稽,会稽者,会计也",所以会计这两个字是这样来的。

大禹把国家的水利修好了,然后划分全国为九州岛,所以中国又称九州。九州岛不是九个省喔,是划成九个区域。在九州区域里头有很多的诸侯,所谓诸侯是分封在一个小乡镇,像一个县长,就是诸侯了。一个县是方圆一百里,所以我们古代称一个县长叫百里侯。

大禹到绍兴来,创立了会计制度,可是诸位把这个忘记了。中国历史讲财经的,讲经济的,好像都没有提出来过吧?也许有人提出来过,我读书不多,看到的很少,现在我特别给大家提出来这一段,你们学会计可以把他供起来,我们的祖师就是这个大禹。一点也没有错,大会计就是这样来的。现在倒推回去是四千多年以前,会计是在绍兴这里最早出现的,那时西方文化中还没有会计,还谈不上,上海话是"谈都不要谈啦"。

上海在一百多年前还是个小乡镇,像我们小的时候读了中国历史,后来到上海来,看到华亭镇、徐汇区,我说:"怎么搞的,把这些大河都填掉了?"华亭原来是条大河,慢慢被填起来,砌出了华亭镇。徐汇区是三角地带,水在那里汇合,也是填河填出来的,上海就是这样。

四千多年以前的大禹时代,就有会计了,他创了大会计以后,今天有这里的会计学院。大禹是夏朝嘛,我们夏院长也是姓夏。这是真实的历史哦,好奇怪吧!这个很奇怪,四千年以后,朱镕基这个"老板"嘛,他大概喜欢搞会计,所以建立了会计学院。

当年,北京有人打电话给我说:"南老师啊,不得了,中国还缺四十万个会计啊!"我说:"那你不要跟我说,我不懂。"那个朋友讲:"还有件事,中国还缺三十万个法官呢。"我说:"这两件事我都帮不上的,你不要找我帮忙啊。"我说,因为这两件都是要钱的事情,我拿不出来。那个时候,我正在修浙江这条金温铁路,我说这个也是上海话说的"谈也不要谈了",这个东西归你们自己去办。结果你看,大禹之后直到现在,终于成立了国家会计学院,很奇怪吧?所以我们晓得,会计的来源是这样的。

你们将来在家里,除了供一个学会计的祖师爷大禹以外,还有个副祖师爷孔子。孔子小的时候做过会计。因为他家里穷,爸爸死掉了,他妈妈还带着前母生的兄弟姐妹。孔子要帮忙维持家计,所以也做过会计,也收过税,什么事情都管过。所以,人家问孔子大圣人:"你的学问怎么那么渊博呢?"孔子说:我"少也贱",我年轻时候家里穷啊,因为穷,要吃饭,什么事情都干过。所以,孔子做过会计的,你看多光荣啊。你们读会计学院,将来出去做个招牌,一边挂大禹像,一边挂孔子像,或者大禹像挂前面,孔子像挂后面。大家一看,做会计的真了不起。

孔子以后,我们历史上对会计就叫得不好听了,叫作聚敛之臣,都是帮"老板"诸侯聚敛的。帮人家刮地皮、收税,这些事会计当然要做了。会计的范围非常大,所谓经济、财政、税务,都是属于会计的范围。

古代一听到搞会计的,就叫账房,替人家算账的,很难听。但是孔子的学生,所谓三千弟子,七十二贤人,有好几个都是替人家管账的,也就是"聚敛之臣"。

但是，我们反转来看，中国几千年历史，重农轻商。过去有没有阶级观念？我不承认有阶级，但是过去有士、农、工、商四大分类：士是读书人，占第一位；第二是农人；第三是工人；第四是商人。这是传统的文化。但是这些会计，后来在历史上记载就不多了，都变成聚敛之臣了。我们中国的文化，从周朝开始，自从周公制定初步礼仪以后，几千年来的官府是有个体制的，大致上是六部九卿。在官府组织里的会计，清朝时的会计，财政是归户部管的，同户口有关系；唐代和宋代，有时候财经同会计叫度支部，也管审计，所以会计是很重要的。

因此，我介绍一下这一段给你们，这是我从历史上特别抽出来的。你们的祖师爷，也是夏院长的祖宗，是夏朝的。不过，夏院长的祖宗也有问题，我们中国文化本来是民主的，尧、舜、禹三代是公天下，到了夏朝以后变成家天下了。大概是夏院长祖上的叔叔还是伯伯，传给子孙了。所以，家天下是夏朝开始的。可是，我们现在过的生活是夏朝沿袭下来的，比如，我们喜欢过年，现在叫春节，是夏朝的历法；我们喜欢穿黑的白的，夏朝喜欢黑色。夏朝的文化对中国的影响是非常大的。

夏朝以后就是商朝，商朝以后就是周朝。你们读书好像历史都搞得不大清楚。现在一般讲历史的，我一打听，五六十岁以下，好好研究清楚中国历史的没有几个人。一个国家民族自己的历史都不懂，你说叫什么国家？等于是自己的家里，问你爸爸"爷爷叫什么名字？""喔，那个老头子我不晓得他名字。""那个婆婆姓什么？""喔，那个老太婆死了。"这个民族算什么？所以，任何一个国家，对于自己的历史地理一定要搞清楚，这是文化的根本。

所以，当人家说到中国文化，我常常问中国文化是什么啊，你们晓得的历史大概只有一百多年，也许大革命时代的历史懂得这么一点。好吧！现在我回转来给你讲会计历史。刚才我提到过什么叫历史。全世界古代文明的历史，希腊、埃及、印度、中国，历史真正最完整的是中国。

印度人本没有历史，现在印度的历史，是靠外国人写出来的，写得也都不对。所以我对印度朋友讲，我说：求求你们学一下中文，到中国来把你们的文化拿回去好不好？你们的文化出了一个伟大的圣人，释迦牟尼佛。但是你们的历史文化，统统在我们中国，大部分资料在中国佛经中保留着，大家没有看到。

希腊的历史是片段，埃及也是这样，只有中国历史从几千年前就开始记载，很完整。中国第一部记录历史的书（编年体）是孔子著的，叫《春秋》。大家研究孔子，以为孔子只讲道德，很古板。其实，孔子不是这样的人，以我晓得的，孔子这个人非常伟大，风流潇洒，万事都懂。

我常常告诉出家的同学们："你们学佛先要懂得坏人是怎么回事，会做坏人而不做，才可以做圣人，因为圣人什么都懂。"等于一个很好的警察，自己了解小偷土匪的才会管坏人。我还常常告诉人们，怎么做小偷，小偷有口诀的。他们说："老师你怎么知道的？"我说："我当年学武功，老师都是跟这一套打交道的。"小偷的口诀很多喔，"偷风不偷月，偷雨不偷雪"，刮风的时候可以去偷，人家以为风响，不知道是小偷；月亮大的时候不能偷，因为看得到的；下雨可以做小偷，下雪天不行，脚印就留下来了。这个叫作"偷风不偷月，偷雨不偷雪"。中国文化连做小偷都有诗，很长的，现在只背了两句。现在很想找那种老师，可惜死掉了。中国的小偷文化都死光了。你看看，小偷都没有，何况大偷呢！

儒家孔子的文化，重要在《春秋》。孔子有一句话："知我者《春秋》，罪我者《春秋》。"他说："我写了这一部书，把历史整理下来，给后人做榜样，知道什么叫作坏人，什么叫作好人，什么叫作伟大的政治家，什么叫作混蛋的不成家。"伟大的政治家同混蛋的不成家是成对比的。再说为什么叫"春秋"，不叫"冬夏"呢？这就是问题喔！读书要用思想，要提出问号，要怀疑。我们现在正是秋天，秋分在八月，同清明以前二月的春分，这两个节气日夜相等，是平衡的，是温和的，所以历史称为春秋。俗话说"二八天气乱穿衣"，像我今天已经换了三件衣服，我也想过，要上台表演，表演穿什么好呢？本来想穿长袍，这些同学告诉我："老师啊，你长袍一穿，太严肃了。"我说："好吧，好吧，那我就另外换一套中山装。"有一个同学说："哎，老师，这个好。"有个同学说："这个也太严肃了。"我说："乱七八糟穿吧！"这个叫"二八天气乱穿衣"。所以，春秋是平和的；冬天太冷，太严肃了，政治搞坏了就是冬天；夏天太热了受不了，有缺憾。

第二部历史是《史记》，司马迁根据孔子写《春秋》的方法写的。司马迁怎么写呢？司马迁的会计能力还是很厉害的啊！所以，他把历史都衡量过，他写的是历史会计。最后讲"藏诸名山，传之其人"，这两句话大家都说很了不起。我说："司马迁在骂人呢，你们不会读书。"有的同学还说："老师，这没有骂人啊！""藏诸名山"，一部书写出来，要藏起来，放在山的角落去，挖个洞让你看不见；"传之其人"，等到一千年、一万年以后，也许有个人考古挖出来。看到这两句话就是这样，实际上骂了当时汉朝的人，等于说你们都是混蛋，看不懂的啊。将来有人会看懂我的书的！这是文章骂人，骂得好，结果骂了人以后，大家还拼命背。

司马迁写《史记》，也非常伟大，因为身为太史公，对历史要公道，所以他写历史是放手写的。比如说，汉高祖统一了天下，叫汉朝，皇帝就称本纪；宰相或者大臣，次于皇帝，称世家；可是，《史记》把项羽也叫本纪。换一句话，刘邦、项羽两个人，刘邦是因为打赢了才做皇帝。项羽了不起啊！项羽当然是同我们有关的，南方人嘛！刘邦比较起来算是北方人。我们南方人，还是捧捧南方人吧！嘿嘿！我常常对有些青年子弟说："你们是不是'项羽帮'的啊？"因为项羽是高干子弟出身，风流潇洒，武功也好。

有一个诗人叫易实甫，有一首诗写项羽，写得非常好：

二十有才能逐鹿，八千无命欲从龙。
咸阳宫阙须臾火，天下侯王一手封。

项羽二十岁有才气,可以逐鹿中原打天下了。最后失败,他带的江南八千子弟,在乌江一战中都死光了。秦始皇修的咸阳地方的宫殿,被他一把火烧了。项羽进关中时才二十六岁,封刘邦做汉王,所以刘邦后来得了天下称汉朝,实际上还是项羽封的,"天下侯王一手封"啊,你看多大的气派!江南人。

是不是我们要休息一下?休息一下再上来,封诸位做诸侯啊。

第二讲

南怀瑾:刚才我们讲会计的祖师,会计的历史,提出会计这个名词同它的内容,是在四千多年前从我们中国开始的。现在用的会计制度,是从西洋来的。我也常常研究西洋,有一次跟吴毓武教授谈起,他说现代会计制度是从天主教里头来的。我说:"你马上把文献找出来。"他果然把文献找来了,是从罗马教廷里头开始的。当然现在有演变,经过西方的工业革命以后,变成这样。

十几年前,我还在美国时,有浙江温州的一个市长跑到美国找我,我说:"你找我干什么啊?"他说:"很多商机。"我说:"笑话,我要是回中国来投资的话,有三个目标。第一要做农业的肥料,水稻稻种的改良;第二水电;第三交通。"因此就想到会计制度,我说你们大陆许多银行某些方面也不懂银行该怎么经营管理,像我们用银行用惯了的,比如在香港,在台湾,我说我到银行拿一百万,报纸一包,像买油条一样,包起来就走。后来我在浙江修建铁路的时候,开始汇进来的一百万美金,三个月都不晓得钱在哪里。然后听说,你自己汇进来的美金,还不准你全额提款,只准你拿五万块、三万块的人民币。我说你们办的是什么银行啊?你们现在的银行连柜台业务都搞不好,很奇怪。这就同会计制度有密切关系,我顺便讲一讲。到现在为止,我看银行可能变成了官僚。银行、财经可是不能官僚化的啊!这是国家的命脉所在。当年我家里开店,我还真的做过会计的。像我小时候读书，有些乡下的小孩子跟我一起读书，他们家里人说，你们家里的孩子读书要做官的，我们家里孩子跟你们孩子读书，只要学会记账就行了。所以我当年也记过账，上收下付，什么流水账啊，誊清过来了，都还帮忙写过。我以为是会计，后来才晓得这个叫簿记，只不过是记记账而已。至于什么是会计，我还真不懂。

人家都说我学问很好，文章很好，还认为我是天才儿童。还有什么神童啊，才子啊，我从小这些恭维听多了，所以现在听到什么恭维的话，一概不动心，我听得太多，这些话已经不值钱了。结果有一次，政府开始建立会计制度了，是北洋政府建立的，那时还没开始北伐。我们家拿到表格，我父亲说："你填一填就好了。"其中有一行："薪水多少？"我一看薪水两个字，"薪"是柴火；"水"，我们家门口挑来的就是，不花钱的。所以薪水这一项，我就填了五毛钱。我父亲拿到一看，哈哈大笑："我们的这些伙计们，真的只有五毛钱吗？"我说："对啊，水也不要钱；薪，门口那个柴，买来很便宜啊。"他说："什么叫薪水你知道吗？薪水是待遇啊，一月一月发的钱。"我说："我怎么晓得！我是读书的嘛，读书人不懂会计。"

我又对这个温州来的市长说，现在你们这个会计啊，沿用的是传统的旧式会计，由簿记变成会计，现代会计制度还没有建立。我说中国到现在才有了会计学院，才建立会计制度。所以讲到会计，我做补充，今天这个会计制度是西洋来的观念，到现在还在改变中。

后来，我也做过生意。所以，我常常告诉经济学家，这些经济博士啊，教授啊，我说："你们懂什么经济啊？"当然，这些人跟我是老朋友，是我的老学生，我才好骂他。没有收过税，没有做过售货员，没有做过银行业，等于没有做过生意。想做生意赚钱，还要有失败的经验。我说我做生意，有三次大失败的经验，也有大发财的经验，我的"会计学"是钱买来的。你们是从书上读来的，其实还不懂，我说尤其要收过税才更懂。

讲到收税，我还要讲一个故事，这是第二次世界大战以前，我经过上海时听到的。据说当年在上海真有这个事，实际有没有，我不知道。那时有个俄国的大力士到上海表演，大力士拿到一个水果，用手一捏，这个水果的果汁就被挤干了。他在中国耍威风，问有谁的武功高，上台来能再挤出一点，就给谁五十块大洋。台下开始没有一个人敢上去，后来有一个中国人上去了，是个抽鸦片的驼背老头子，穿着长袍，他说："我来！"这个大力士一看，是个老头子，心里想这个中国人一定是有武功的，而且功夫很高。结果这个老先生把这个水果拿来一挤，真的还挤出了三滴水。这个俄国大力士很佩服，只好拿出来五十块大洋。他说："老先生，你是学什么的啊？"这个老先生说什么都没有学。"你练的什么功夫？""什么也不会。""我挤完了，那你怎么还会挤得出来？""因为我是收税的。"收税的，把已经挤干了的，还可以再挤出三滴来。这样才懂得财经，懂得会计。

　　这些故事都补充完了。刚才讲到会计的制度，时间来不及，我倒转来讲到历史。我们历史上，对于会计好像都没有太重视。但是，也有些关注。比如，最近有一个人告诉我，就是我们中国科技大学的校长朱清时，他说："老师啊，我现在发现有一个东西，真了不起。"他说："历代的市场买卖，东西的行情，我都有资料找得出来。"我一听就说："你真是个科学家，你是学自然科学的，连人文科学这一面都知道，那真是了不起！"他说，他访问了山东的孔府，孔府里头不肯公开的东西，他看到了。他说，几百年来，几千年来，每一年、每一天的账单，买了什么东西，孔府都有保存。从这个上面可以看出来，每一个时代的货物、货品的变更，市场的变更。我说："这个了不起啊！"

　　这个资料同你们会计学院有关，你们院长赶快跟这个科技大学的校长联络。科技大学负责这个工作的是孙健教授，是他们弄的。我说这个好，可见我们历史上的会计制度变更、财经制度变更，都是有资料可查的。我今天所提出来的，如果你们拿来写博士论文，可以写十篇，很多题目在里头。第一是大会计，《大禹王到夏院长》，这是一个题目。由大禹在绍兴建立大会计,一直到天主教的兴起,又是一个题目。关于天主教,我还告诉你,有个故事不好公开说的。教廷里头有很多故事,我们现在不讲。

讲到这个历史上的转变,我怕时间拉得太长。这个题目讲出来,爱"吹牛"的人,一"吹"也可以"吹"到二十多万字,这么厚一本书。所以我常常告诉你们读博士的,有一个秘诀的。写博士论文,大题啊,小作,小题嘛,大作。如果你学医的,攻读博士啊,最后博士论文研究鼻子,因为鼻子小。论文研究左鼻孔,右鼻孔都不写,题目更小,这个是小题。然后你从古今、西方、东方、历史、医学,写到左鼻的小鼻孔,一定很快得到博士学位了。因为我指导的有很多硕士、博士,我说你们拿到了学位,但不是学问啊!学位一定让你通过,但是学问一辈子也搞不完的。

而且,我现在还赞同"读书无用论",拿到博士没有用,将来博士会越来越多。为什么我提倡读书无用论?我发现中国的经验,包括我在内,农村出身的小孩子,读完了书以后,说名满天下,骗人的,对地方上、家乡常常是一点贡献都没有。你看乡下的老太太、老头子,辛辛苦苦培养一个孩子读书,读完了以后就到城市来了,到城市以后再也不回乡贡献了。所以,我主张大教授大学者统统回乡去教小学。否则,这个国家不得了,知识越普及,学问越没有了,社会越空虚了,农村没有人才,这不是读书无用论吗?此其一。

第二,书读多了的人,可能什么都不肯做。然后游手好闲,专门吹牛,实际上一点事都做不好。尤其,女孩子们书读多了,嫁人都可能困难。因为一定要嫁一个比自己学问好、比自己学历高一点的,实际上,学问好的不多啊!

所以,我常常鼓励大家读书要注意,中国人讲的,读书是有个目标的,我们当时就受这个思想的影响。中国讲教育,读书不是为了做官。像我当年读书,我的祖母就吩咐过我:"孩子啊,读书可以,千万不要做官。"我说:"为什么啊?""一代做官九代牛。"做了一代官,就会做很多不好的事，九辈子要做牛做马，回报给老百姓的。所以读书可以，不能做官。

我们中国古代讲读书是什么呢?《朱子治家格言》两句话，我们都背的，"读书志在圣贤"，读书的目的是准备做尧舜，学大禹王一样，建设国家。所以"为官心存君国"，古代我们受的教育，做官是要报效国家的。

三十年前，有一个学生，师范大学的博士，跟我很久了，我也是他的指导老师。有一天他跟我谈起来，说很多教育家坐在一起谈论，大家都说："这个教育怎么得了啊!"我说不要讲了，我从小听到现在，就说"世风日下，人心不古"。我说没有问题啦，你们不要担心，我们死了以后，太阳照样从东边出来，不会从西边出来的啊。不过现在教育有问题，有个学生拿到博士，他说："老师啊，现在教育的目标在考试。"我说："你讲得对。"这句话好讽刺啊!

你看现在的教育，小学生背的书包那么重，我们小的时候读书，尽是玩的。我现在能够向你们报告得出来的，都是十二三岁时学到的学问啊! 那时读书都是背的，书背完了就玩，到处玩，哪里像现在这么辛苦。所以我现在八九十岁了，有时候晚上看报还不戴眼镜呢。你们现在那个灯光太亮，把小孩子弄得都架着眼镜，这个国家一旦有事，这些人怎么出来当兵打仗啊? 然后跟敌人说慢点放炮啊，我眼镜还没有戴上，那行吗? 所以都是问题!

现在你看，为了考试，小学读的书到中学没有用了，拼命考，还补习; 中学读的书，到高中没有用了; 高中读的书，到大学没有用了; 出夫留学，就更没有用了。你看读书就是这个样子。我们当年的教育方法，十几岁读出来的书，一辈子有用，越老越好，越熟越好。现在读的书啊，幼儿园开始，"小白兔，两只耳朵跳三跳"，跳六跳也没有用啊! 这个背了干什么用啊?

家长们也不懂，拼命鼓励孩子考好的大学，大学考取了，留学回来，读博士。我说你们博士有什么用啊？你看今天社会，很多的博士都是给那个"不是"用的。那种人什么都不是，我有钱就可以请你一百个博士。对不对？所以是读书无用论吧？读书的目的不在学位啊！我们现在读书，受教育没有宗旨。

这个学生一提说教育的目标是考试，我说对了，怪不得。台湾当年也是同我们现在一样。喜欢外国留学回来的博士，结果没有用。台湾有个老一辈的公务员，死前写副对子拿来给我看，我说真好：

为五斗米折腰，三卡三考，丧尽气节；
领百万元滚蛋，一分一厘，了此残生。

读书出来拿到博士学位，然后做官，就是为了一点薪水，五斗米是待遇，陶渊明不为五斗米折腰。晋朝陶渊明那个时候的待遇，是一个月五斗米。折腰，就是跪下来给人家行礼。"三卡三考"，形容台湾当年公务员的情形，"三卡"，早晨八点钟签到，有个卡片的，下班也要签卡的，审查你。"三考"，小学考中学，中学考高中，高中考大学，大学考留学，留学回来做公务员，三年一考试，才能够升上去，把读书人、知识分子的人格都磨光了。

然后，到老了退休，"领百万元滚蛋"，最后退休了拿一百万元；"一分一厘"，放在银行里拿利息，"了此残生"，是这么过一辈子。这就是知识分子！现在当然好一点啦。可是，我看也差不多。

这些都与会计有关，关于历史上这些东西，我零碎报告了一些，是补充前面所讲的。

现在回转来，像我们十几岁就开始了解历史，中国历史上每一代的改变都有几个关键的节点。秦始皇这一段不谈了，谈起来太多。到了我们最了不起的汉朝，前后四百年天下，在历史上分前汉和后汉，也叫西汉、东汉。刘邦打下刘家的天下，建都西安，称为西汉。中间王莽篡位，然后是汉光武中兴,叫作东汉。汉朝天下,最大的祸害是什么?历史上称作女祸,也叫作母祸。研究历史发现非常可笑,汉朝天下,毁于皇后跟没有知识的女人,加上太监干涉朝政。

我们现在没有太监了,可是凡是旁边有部下跟着的,他们都很容易有这个思想。部下都会恭维你,都会麻醉你,都会说"你很伟大""你是第一""老板好""老板早""嘿,老板的意思都对!"很快就变成这样。这个要特别注意的。

所以说,汉朝的帝王,多数是没有实际权力的,因为女祸,太监当道。唐朝三百年,被藩镇,也就是所谓地方的诸侯、省长、市长等把持住了,不听命于中央,中央政权没有势力。然后第三个是权臣,形成了党派。这种历史的祸害,转来转去,转了几千年。拿这个历史的法则,看外国历史,都是同一问题。到今天外国的"民主时代"好像没有问题,嘿嘿,你注意,还是一样,没有两样。我介绍了这个以后,引出的问题更多了。每一个问题去想,去找出来,都可以写博士论文。读书要思考,不要读死书。

第二个问题,我常常说,从现在倒转回去,从明朝到清朝,一共五百多年。明朝朱家的天下,那是跟太监共天下的。太监之厉害,真不得了!连宰相、权臣,对太监都没有办法。所以说,明朝是与太监共天下。

应该仔细研究清朝前半截的历史,虽然是满族人入关,当然满族也是中华民族;清朝的前一百多年的政治经济是汉、唐、宋、元、明都比不上的,没有这些毛病。可是最后呢,还是亡在一个老太太手上。

这个老太太是清朝的终结者。因为清朝在关外的时候,努尔哈赤消灭女真族叶赫氏,那是历史上很不人道的事。传说叶赫氏的一个部族首领临死时发誓说:"我们叶赫氏,假使还剩一个人,即便是女的,也一定使你爱新觉罗氏灭亡。"所以,清朝三百年有一个戒条的,不能讨叶赫氏的女儿,结果慈禧太后就是叶赫族的,是来报应清朝的。

但是，明清两代，五百多年天下，真正的政治基础是什么呢？就是会计。会计大多数是绍兴人，绍兴出师爷。你们研究了历史，不要羡慕那些皇帝，其实那些皇帝真是可怜。所以，中国皇帝有个哲学，自称孤家寡人。做了皇帝好可怜，我没有做过皇帝，可是我真知道，理由我来不及告诉你。现在先不谈皇帝。

明清的政治基础在绍兴师爷手里，什么叫师爷？等一下再介绍。绍兴师爷管两部分，一个管刑名，称刑名师爷，就是管法律，刑名的名就是逻辑。人家说中国文化没有逻辑，实际上，春秋战国的时候有一种"名学"，正名之学就是逻辑学。另一个管钱谷，称为钱谷师爷。钱谷完全是会计了，大家不要忘记，尤其会计学院应该要开这个课。

十几年前，当我从美国回到东方来，我告诉大陆出来的朋友，我说过去明清两朝政权，皇帝跟绍兴师爷共天下。现在有的人跟秘书共天下。

因此，当年上海交大翁史烈校长来看我时，我说我出钱给你们办一个班。翁校长问办什么班，我说办一个秘书班。他说好啊。我说现在我看这些秘书，中文信都写不好，那两个字写起来，比我好不了多少，像是狗爬，好难看。不仅繁体字写不好，简体字也写不好，英文信更不会写。我常常接到信，称"尊敬的南老师"，我看了很不舒服，这是西方文化来的。西方人写"亲爱的某人"，你把"亲爱的"变成"尊敬的"，况且姓"南"的老师不是我一个啊。有人写"尊敬的南老"后面加两点，我还看成尊敬的南老二呢！四川人把土匪叫老二。

信都不会写，内容更不会写了，什么"基本没有问题"，可见问题很多喽。我说你应该培养秘书，他很高兴。所以有位先生拿钱给他开秘书班。据他们说秘书班开得很好，可是有一点，怎么写信这件事要我去教，我说我很想去教，可是我现在没有空，有空再想办法吧。后来，我告诉他，秘书班要做到三件事。秘书班的学生要每一个会骑摩托车，不管男女；第二自己会开汽车；第三会打字。翁校长说，哎，老师啊，这个都要加上吗？我说要加上。他说，这个很难呢！我说，不难。他说，那每个学生还要考驾照啊？我说反正叫他们学会开车就是。我在美国，看了华尔街这些大老板的机要秘书，那个权威大得很，老板都听机要秘书的。但是，我看华尔街这些秘书也不行。比如说，我用一个秘书，今天有一件重要的事情要去签约，要牵头了，我来不及，如果是个好秘书，"你去吧"。这个秘书代表我去，还要派一部车子给他，派一部车就要跟个司机了，然后他要带秘书来打字记录，这个多麻烦。我说，好的秘书代表老板去签字，就做了主了。自己车一开，后面都自己来，什么事都 OK，就完成了。秘书要做到这样，文的、武的、洋的、中的、土的都要会，这是好秘书。

说到新闻系，我也感慨很多，现在都没有好的新闻系，报纸上的文章不能看。而且，又乱写乱报道，新闻都是乱写的。新闻也有学问啊！狗咬人不是新闻，人咬狗就是新闻。嘿，所以这一代的新闻记者写的都是狗咬人，不写人咬狗。现在乱扯别的，同会计好像没有关系，暂时撇开一下。

再讲明清两代与师爷共天下，所以绍兴这一带文化同历史永远有关系。

说到什么叫绍兴师爷，以前考试做官，分三级考试，其实不止三级，明清六百年，第一级考取的是秀才。等于现在你们高中毕业算是个秀才，秀才是县里考的。秀才以后，到全省来考，考取了叫举人。举人考取了，再经过全国的考试，考取了叫进士。进士的第一名叫状元，第二名叫榜眼，第三名叫探花。那个非常光荣。

当年明清科举考试的文章，就是大家都骂的八股文。我现在问这些学者："你们光骂八股文，八股文章你懂不懂？"我看没有一个懂。我说你看都没有看过八股文章，你不要轻视，不要骂喔，我说八股文也蛮有逻辑的，有它自身的文学价值。所谓八股，一个题目，你看准了题目的内容是什么，第一个先说正面的理由，再加上反面理由，两股了；然后第三股综合起来。所以一篇文章有起承转合。八股文是不好,我们当年也骂,所以有两句话,"消磨天下英雄气,八股文章台阁书",考试是消磨天下英雄气。现在的联考也是消磨天下英雄气。过去用功名把天下英雄消磨了,现在天下英雄还只有十一二岁而已!可是已经把他的头脑、眼睛都消磨了。太可怜了!我非常痛心的啊!

假使我来搞教育的话,我是快要死的人啦,当然是假使。我想把现在这个教育制度,把这些个学校统统废掉,不要浪费钱。有最好的办法,不浪费钱,而每个培养出来的是人才,那是真办教育了,这个闲话不说。

"消磨天下英雄气,八股文章台阁书",什么是台阁啊?写的规规矩矩的毛笔字,专门给皇帝看的。可是想想这两句话,我看到现在的文章,还是这样,不晓得叫什么八股!有个名称的,我就不讲了!国民党那些文章,我们讲他八股,也不看的,非常长,没有内容,也是消磨天下英雄气啊!再加上用圆珠笔写字,把书法也消磨完了。这样的教育,问题很严重。

师爷是什么呢?并不是那些进士,而是那些考不取进士的举人,学问好,文章也好,有的比那些进士们都好,但命运不好,只好来做师爷,我们叫他们"绍兴师爷"。绍兴的文风非常盛,包括好几个县,旁边的余姚这一带都在内。很多师爷,考功名运气不好。考试有时候真的靠运气,我一辈子反对考试,但是我亦每考必中。那不是靠学问,是乱猜的。什么人出题目,那个家伙思想怎么样,题目一定出于哪一点,我就猜到了。以前做官的请一个师爷,这个师爷就相当于是秘书长。一个师爷管法律,一个管会计,有的是一个人兼任。这个会计是管财经的,叫作钱谷师爷,也就是这个官的账房,钱谷师爷比刑名师爷还重要,他像是这个官的口袋。官员贪污不贪污,与那个师爷保准有关系。所以,这也要读书的人来做,最好是会计学院毕业的,尤其是国家会计学院毕业的更好,嘿!

为什么叫他师爷呢?做官的人请来师爷,不敢说是部下,而像是请的军师诸葛亮,也像老师。下面的佣人才叫他师爷。那些做官的,比如一个市长，一个省长，请一个师爷，称他"先生"，等于老师。等于刘备称诸葛亮"军师"，很恭敬的。师爷称这些做官的"东家"，就是老板。他们没有部属关系，只是客位。师爷的薪水是首长从自己的薪水分出来给他，而不是拿公家的待遇。

过去的官非请师爷不可，其中有个原因。比如考取了进士，文章好，一辈子读书，就是为了做文章、考功名。所谓"十年窗下无人问，一举成名天下知"，过去读书人的光荣就是在这里。贫寒子弟，读书不是在学校读的喔，都在自己家里读的。这个制度非常好，不需要学校。三年一考，这个考试是公开的。考取了秀才、举人，被国家录取了就有薪水可以拿。读书也不是国家给你培养，而是家里自己培养的，不考也可以。所以，"十年窗下无人问，一举成名天下知"，书读好，考出来状元，就是这样的教育制度。

你以为考取的状元，皇帝真的用吗？所以我常常给这些比较大的官讲，我说："你们懂不懂得用人啊？"中国的历史帝王学有一套的。我问你们，几千年中，多少进士、状元，我们在座的，能够记得三个状元的名字吗？几千年中，那么多的皇帝，你们记得十个皇帝的名字没有？都没有哟。当然孙悟空、关公，大家都知道，可是他们历史上什么功名富贵都没有。

考取了进士的人，出来做官，他会做文章，但是不懂法律，不懂会计，尤其像清朝满洲人做官，必须要请师爷。满洲的孤儿寡妇带了三十多万人入关，统治了四万万人的中国。清朝以武功得天下，天下马上得之，不能马上治之，治天下必须要文治武功。因此清朝，除了皇帝用宰相以外，其他的王侯以下这些官，一直到每一个县长，都要请师爷，不然不能办事。其中的刑名、钱谷两个师爷，都是这样重要。而这些师爷的学问都比主管好，不过功名没有考取，暂时做他的师爷。等到自己考取了功名以后，他们自己也出来做官了。可是师爷出来做官都很难，这是讲师爷的风格。

所以真正研究中国文化这个制度，我说像你们会计学院一样，钱谷师爷比刑名师爷还重要。历代的制度，内容究竟是什么，每一个县，每一个省，师爷们都清清楚楚。明清以来六百年天下，都清清楚楚印在绍兴师爷的头脑里，他们连律条都会背的。

可是绍兴师爷也有他们的痛苦，我们晓得这些做官的人，不懂法令，也不懂应酬。所以我引用的资料第七则，是在老古文化公司出版的《清代名吏判牍七种汇编》序言里，一个师爷写给后辈的信，叫他们不要做师爷，你看他的信写得多痛苦啊！文章多好啊！我摘录了一段：

"天生我辈，既不智之，又不愚之，乃予之以不愚不智之身，而困之于不生不死之地，不禁击碎唾壶，作王郎拔剑歌也。"

这篇文章多美，多怨恨啊！这些读书人做师爷，第一流师爷。他说命运不好，天生我们啊，说笨嘛不笨，聪明也不聪明，因为功名没有考取。他说，以一个不愚不智、不聪明不笨的身体，给人家做秘书，管这些事，而困于不生不死之地。想起来不免一敲，把痰盂都摔碎了。"作王郎拔剑歌也"，自己气起来拿着宝剑想自杀。因为有后辈写信给他，也想做个师爷，他劝后辈："至所谓幕者，乃家无负郭之田，而有兄弟之养，菽水无资，膳粥无继，读书无成，困穷立至，不得已而以幕救贫也。"

"至所谓幕者。"师爷叫作幕宾，古代叫作门客幕下。"幕"就是幕宾，智囊团，做官的智囊团，第一位就是师爷。他吩咐后代的子孙，他说我为什么做人家的秘书，帮别人忙啊？因为家里没有恒产，当然没有房地产啰，房子是租来的。可是又要养父母，又要养兄弟，又要养后代，甚至连稀饭都喝不上。书呢，读得很好，但运气不好，功名考不取，不得已去给人家做师爷，做秘书，就是为了吃饭救贫。

过去做官，"三年清知府，十万马蹄银"，三年一任市长，现在讲美金有差不多一千万，所以薪水分给师爷蛮多的。但是师爷认为，"分作孽之余金，而欲为自家久长之计，此天理所不容"，这句话把每个官都骂了，他说我们这些薪水，都是分了这些官造孽的钱来的，天理都不容。"梦梦者入其途而不知悔,而穷极无聊者,虽悔而亦无可如何!"梦梦,可是你们年轻不懂事,还羡慕我们,还要我给你们写介绍信去做师爷,去做秘书。"入其途而不知悔",就是一种不懂事的做法。还有呢,读书读得没有出路,穷极无聊,虽然后悔,不愿意做这个事,也不得已啊!为了吃饭,为了钱而干这个师爷。

再说,"幕而贫,尚不失幕之本来面目。若幕而富,则其人必不可问,而其祸亦必旋踵"。他说做人家师爷,如果一辈子穷还好,就是一个真正的读书人。"若幕而富",如果做师爷发了财,家里还买田盖房子,还自认了不起,他说,你不要问了,这个钱一定是贪污来的,一定是乱七八糟来的。你不要看他现在了不起,有一天会倒霉,有祸临头的。

"学幕虽较读书为易,然亦须胸有经济,通达时务,庶笔有文藻,肆应不穷。又必须二十内外,记诵难忘,举一反三。更须天生美才,善于应酬,妙于言论。而学不足以服人,品不足以信人,虽居宾朋之列,无殊门客之容,其中委屈周旋,更有不可以言喻。"这一段是非常了不起的文章。怎么讲呢?做人家秘书、学幕,看起来比读书容易,比考取进士、状元容易。他说不容易啊,必须有这个条件,"胸有经济",一肚子的学问,政治、经济,什么都懂。这个经济不是只讲现在的经济学啊,是政治、哲学、经济,样样都懂。

我们现在讲的"经济",是根据日本人翻译的西洋名词转译的,把经济两个字,搞狭小了,只局限在财经而已。中国的古人讲"经济"是了不起的学问。

他说一个做师爷的,做会计师的,必须"胸有经济,通达时务",以及整个的政治,一切情况都了解。而且文章要写得好,是第一流文章,"肆应不穷",任何一种文章都写得出来。如果办一个报馆,还可以写写社论。要写经济就经济,年纪又必须要轻,头脑的记忆力,像计算机一样,"记诵难忘"。而且思想敏捷,谈判一件事情,提一提,其他方面都懂了,能够"举一反三"。还要是"天生美才",人也长得漂亮,风流潇洒。当然卡拉OK啊，喝酒啊都会，要"善于应酬，妙于言论"，会讲幽默的话，或者讲话不得罪人。你看这个条件多难，给他一讲，都是他本身的经验。但是这样还不行喔，还有更重要的，学问要好，比做官的学问好。

我常常讲，世界上最容易的事就是做官。做官只要学会两样事就行，就是鼻音、嘴巴音，"唔""哎"，就好了。什么叫"唔""哎"？就是这样，你去办吧！这是做官。但是做秘书长、做师爷就不行啊！"而学不足以服人"，他说如果学问不能服人，"品不足以信人"，上下左右，别人对你品格不相信。"虽居宾朋之列，无殊门客之容"，做人家的师爷，给老板看不起，不愿意养你这个清闲人。所以，他说你们啊，不要来干这个事！他写给那个要他介绍当师爷的后辈，他说"其中委屈周旋，更有不可以言喻"，其中的痛苦，无法用言语可以形容。这一段是师爷写的信。

过去做会计的，给人家做账房的，也有这个痛苦，老板叫你把一笔账记在那个项目里头，你还不能不那么做，除非你辞职不干。你说不做假账，那是非常好听的理论，嘿！事情却有很多的不同，当然，不应该做假账，这是现在讲的人品要高。可是不做假账，又要把这个事情摆平，这要多大的本事啊！这样一个会计师，除非是国家会计学院毕业的同学，才办得到。

第二段，我给大家引用的是什么呢？先说这个月吧，在上海被人家逼了两次，上次清华大学逼我讲一次，这次夏院长又逼我讲一次。上一次要引用的资料，结果都没有讲，我现在提出来，你们做大会计的要读历史，并且要学历史上两个人：汉武帝的时候，一个是桑弘羊，完全商人出身，还有一个商人叫卜式。当时，用兵天下，国家多事需要钱，所有用兵的经费都是他们运筹帷幄得来的。桑弘羊这个商人，十三岁就开始参与国家大事，在皇帝边上提意见了，汉武帝都听他的。

当时汉朝的天下，广东、云南还没有平定，包括我们浙江的温州到福建，以及蒙古、新疆都还没有听命。到了汉武帝的手上，南面平定了，由两广打到了越南，西面从四川到云南，东南面由浙江绍兴开始到温州，到福建,北面到蒙古都归服了中央。

那个时代,大家都骂汉武帝穷兵黩武,我说汉武帝是雄才大略。这样一个局面,国家的财政、经济,就要大会计来办啰!这个大会计,只好用商人。因为读书人是书呆子,除了会写文章以外,不能做事。所以我说,好的帝王用人有个原则的,唯才是用,也不管你学问好不好,学位高不高。你再查查,历代有学位的,这些人多半没有用。清朝用人的标准是你学问好,你是博士,文章好,都摆到翰林院去了。翰林院干什么啊?给皇帝抄书的。拿现代话说,那些学问好的,给皇帝当打字机用的啊。书读多了就是书柜,要抽出第几号文章,就问他。所以不能叫他办事,办事就叫能干的人去办。

能干的人,当然有些问题!可是有问题的人会办事,没有问题的人不会办事。所以,你们注意,家里有个有问题的孩子,将来前途了不起的。你不要看那个乖的、功课好的,我常常说,由推翻清朝到现在,北大多少学生,尤其北大、清华的第一名学生,你给我点出来,做了多少了不起的事啊?很难记得清。那些创业打天下的,都不是什么北大、清华毕业的,对不对啊?所以你家里的孩子,读书乖乖的,小心,不要读呆了。不错,书是要读,但头脑要聪明,要会做事。

这次抽出来的资料是唐朝的刘晏,你们没有听过吧?如果要研究中国的经济、财经、政治、大宰相,就要研究唐朝的刘晏。他是什么时代的人?你们男同学认识唐明皇,对不对?你们女同学了解的是杨玉环(杨贵妃),两个都有名的。唐明皇的前半生很好,非常英明,政治非常有名。到了下半生,据说被杨贵妃迷惑了,政治一塌糊涂。这个话是不公平的哦!大概唐明皇自己糊涂了,迷惑了,跟杨贵妃没有关系啊。

比如,最近有一个同学在北京要开一个球场。他来问我,我说:"你准备提倡打什么球啊?你晓得打球的历史吗?"他说:"哦?老师,打球有什么历史啊?"我说:"你们真是的!外国人打篮球,打高尔夫,踢足球,但是打球是从中国开始的啊。"他说:"真的吗?"我说:"你去看历史,唐朝就开始了。唐明皇最喜欢打球,而且骑在马上打木球。"这个同学听了,现在在北京创办一个木球场,快要开业了。唐明皇是排行第三,叫李三郎。古人的诗句"三郎沉醉打球回",写的是去打马球,骑马打木球。

唐明皇晚年的政治搞得不好,安禄山造反,发生安史之乱,唐朝等于完了。唐明皇往四川逃跑,到了半路,受大家逼迫,叫杨贵妃上吊,据说杨贵妃上吊死了。那年我到了日本,一个日本人告诉我杨贵妃没有死。日本人说,杨贵妃逃来我们日本。问他在哪里,他就告诉我,在一个岛上,讲得活灵活现。现在日本人还把那个地方修好,传说是杨贵妃住过的。他们是根据白居易的《长恨歌》一句话得来的结论。唐明皇晚年思念杨贵妃,有个道士给他做法,说她在蓬莱仙岛上,这个故事就是这样。杨贵妃究竟是上吊死了,还是逃走了?也真难断定,也许当时找个宫女来上吊,就算是她。这也可以考据的。

安史之乱以后,整个的唐朝的政权垮掉了。唐明皇跑到了四川,郭子仪他们起兵,由唐明皇儿子出来做大元帅,郭子仪收复了西安。这个时候又是番人打来,所谓番人是什么人呢?嘿!就是古代少数民族吐蕃人。这样乱的社会,这样乱的时代,国家要军费打仗,同时老百姓要生活,就靠一个大会计刘晏。

刘晏出来,运用一切办法,筹措打仗的经费,安定老百姓的生活,还有兴修水利、交通、运输,他做得很好。我把资料都给你们找出来了,你们慢慢去研究,可以写个会计学、财经学的博士论文。他这个人做人,非常风流潇洒,又会用钱。我想有下辈子的话,我一定要跟他做朋友。

所以我常常说,大家现在喜欢开放发展,但现在加入世贸以后,你们觉得天下太平了,在我看来很应该忧愁啊!所以说你们要懂,尤其会计学院更要懂,你以为是好事吗?问题多得很。要防备外国的经济侵略,商业的侵略,你们要懂得国际的情势才行。刘晏当时的情形,我说他完全懂,而且他做人特别风流潇洒。比如说,你可以研究得出来,他当时一方面筹备经费,一方面还建设国家,修建运河这些水利工程。当时首都在长安,就是现在的西安。他要把南方的粮食运过来,自己等于兼任后勤补给司令,又要运输补给到前线。可是他发包工程有个条件。比如我也常常给大家讲发包工程,日本当年,第二次世界大战以前,跟德国人,都是学刘晏的做法。给一个工程做预算,比如修个房子,假使需要一千万的话,刘晏的做法如何呢?如果工程预算一千万,承包的人不报价一千二百万,他不给你做。因为承包工程就是这一套,承包商只报价一千万,这个家伙一定会偷工减料来发财,这个工程将来会有问题。所以他给你承包一千二百万,给你以后,他还叫你来,告诉你其中二百万是送给你的,你要再贪污的话,全家杀头!他说只有这个办法,否则工程质量保证不了。有人问他:"怎么可以这样做呢?"他说:"你不懂,天下人都要钱的,没有钱怎么过活啊!一定会贪污的,你给他贪够了以后,严格要求他,他就不能不把质量搞上去。"

刘晏下面用的都是学问很好的人,发包工程不给他们过手。全国的这些在下面收税的官、会计,没有一个逃得过他的耳朵与眼睛,谁也不敢乱动,都对他很恭敬,很规矩,他对人也是如此。

还有一些不相干的人,找他安排工作的很多。人总有朋友,有亲戚,亲戚朋友来找他,他一看这个家伙没有本事,可是啊,什么老婆的表哥的姑妈的那个儿子都找来了,怎么办呢?这一连串瓜棚搭在柳树上,那些亲戚都来找他,他并没有推。如果是现在的人就会划清界限,他才不划清呢!有亲戚来,就给他介绍工作。介绍出去,叫对方什么事都不要交给他做,就是给他薪水就好了。刘晏有办法,同另一个宰相元载一样。

元载有一个亲戚找他,那个家伙实在没有本事。没有本事怎么办呢?亲戚嘛,总有温情在,说给他想办法。就写了一封信,叫亲戚拿着一封信,到哪里?到上海去找夏院长。信上只签了一个名。这个亲戚拿着信到上海来找院长了,不放心,好像他对我态度不伦不类的,究竟叫我跟院长干什么?把信偷偷打开,一个字都没有,就是签了一个名。他非常生气。但是一想啊,既然已经到了上海,路费也没有了,只好去找夏院长去啰。院长打开信一看,哟!当朝宰相,就是副皇帝了,签了名,其他一个字没有。你老兄跟他什么关系啊?他说我是他姑妈的表哥的阿姨的那个亲戚。喔,你是这样,关系很好。你想做什么啊?我到你这个院里,或者给我一个教授啊,再不然呢,虽然我不会教么,随便挂个名嘛。啊!有数了。夏院长没有办法,只好告诉汤主任,给他养着吧,随便挂一个名,什么事都不要给他做,每个月发薪水给他。宰相来的介绍信,他一个字不写,就是说,这个家伙不行的,你要想办法安置他。信上不好写,写了将来万一纪委一检查,有证据。刘晏也会做这个事,他的气魄很大,这是一个大会计。

所以我这一次,特别找了大会计的资料,给大家看看。加上上次给清华大学的文献。可是这些都是古文,当然我把它像小说一样讲出来,很好听。其实古文就是小说,古文就是当时的白话文。为什么白话文跟古文有差别呢?这就是中国人的伟大。中国文化几千年,中国人的老祖宗早就知道,语言是三十年一变。现在不同了,现在语言十五年就一变了。语言如果不跟文字脱离关系的话,一百年以后的人就不懂一百年以前的文章了。

我常常告诉人,你们喜欢读唐诗宋词,先学会广东话,先学会客家话、闽南话。那个发音读诗读词非常好听,你拿普通话一读都不对了。所以现代人,很多人学普通话出身,来写诗词,我看了蛮头大的。我说你诗是很好,但有诗才却没有好诗,因为不懂音韵。言语跟音韵,是可以与文字脱离的,文字是可以单独存在的。中国古代的文字跟言语脱离开,现在我们叫它古文。一个孩子只要花一年的时间,认识了两千多个字,把古文的释意学会了,五千年以前的书,五千年以后读,完全可以懂。

你看英文、法文、德文就不同了,他们是跟着白话走的。白话文一百年以上的都变古文,非专家读不懂。你们现在偏偏要提倡白话文,还提倡简体字,将来不晓得怎么办!比如我年轻时也在上海住过,还懂一点上海话。我现在一讲上海话,上海那个戴卫东经常笑我,老师啊,你这是老牌的上海话,现在有新的上海话。所以,我说我这些资料发给你们,是当时的白话,如果你和孩子花一年的时间,把这些文字搞通了,就可以当得起四个字——博古通今。

从白话文教育入手的人,对于中国文化永远通不了。中国文化许多资料宝库都在古文里头,你这个钥匙都打不开,历史也读不懂,中国文化也读不懂,西方文化也没有搞通。现在就给你们改一改刚才那个师爷的话,哎,大家都是学了"不古不今之学",处在一个"不生不死的时代",多痛苦啊!先休息一下。

第三讲

南怀瑾: 诸位,因为时间的关系,刚才只好匆匆地随便带过去了。那么,我所讲的这些是老古话,现在有没有用,不知道。

我想如果诸位,用这些资料的启发,去研究一下历史,研究一下历代的财经、会计制度,尤其关于中国政治的体制,包括财经这些体制,我们古书上都有的,但是都是古文,最好去查一查。所以中国读书人,不是问你有没有什么学位,我们以前讲读书,说这个孩子书"读通"了没有。读书要通,通就是由渊博然后归纳起来变专才。光学一门专学,其他不通,只能做专门的事,做其他的事情就不行了。

我们要想了解与制度有关的,要读"三通"。不是大陆跟台湾那个"三通",是《通典》《文献通考》,还有一本叫《通志》;实际上,这样的书有十本,我们以前叫"十通"。这些书,不是拿来看的,是查资料用的。历代政治体制、财经体制,怎么改制,都有记录的。以前,如果一个人到翰林院做官,写文章、作诗词,不但"十通"不懂,连"三通"都没有读过,那是不行的。所以我们现在这些资料,是从历史上查来的,你们要认真地研究。

刚才我们有个题目，大家不要忘记了，如何做一个"大会计"，大会计就是有宰相之才，真的经纶天下。最后还是我常常引用的，就是日本明治维新时期的伊藤博文，他是通汉语的。我在日本就笑他们，你们日本人说什么东方文化，统统是中国文化！他们私底下也都说对，没有错，公开说话时他们又不承认。伊藤博文在明治维新时代，是一个开创局面的首相，也等于我们这边的宰相李鸿章。伊藤博文用汉语说过关于中国文化的两句话，"计利应计天下利，求名当求万世名"，这是我们大会计的目标，也是需要警策、标榜自己的。

我希望今天我们在座的诸位先生，诸位同学们，应该放大胸襟。会计是个技术而已，这个技术容易学，但是要能把自己的胸襟、学问、思想放大，才是我们刚才的题目"大会计"的目标，才有意义。

现在在座有些先生们提了问题，有几个问题差不多是一样的。

答问

一、中国文化与宗教信仰的问题

这个问题是专论。什么是宗教？宗教是什么？信仰又是什么？问题太细了。上一次，我同某科技大学的校长在讨论，现在这些属于新兴的一门科学，叫认知科学的范围，这个是新的认识论。有人问我信什么教？上次我也答复过，我说我信的一个教，你们不晓得知道否，我信睡觉。一切宗教我都研究过，当然推崇的是佛法，不是推崇佛教，我研究的是佛法，也不是普通的佛学。这个理由很多了。至于信什么教，如果是信教，那我真的出家跟体悟法师做徒弟，当和尚去了，但我也没有。

信仰是一个很重要的事，但是关于中国文化的信仰，读书人就只晓得儒、释、道三家。实际上，在二十世纪八十年代以前，中国人走的一条路线就是五教合一。不晓得你们看到过没有，我看到过，儒、释、道，加上耶稣，加上穆罕默德，这是中国文化，从上古到现在，涵盖范围非常地广。美国有些学者问，你们中国文化怎么这样？我说这就是中国文化的伟大，包容一切宗教，集中了一切文化。比如在唐朝的时候，基督教来过，那时叫"景教"；那时还有个教，叫"祆教"，中东传来的；还有一个教叫"摩尼教"，波斯传来的。我们唐代的文化容纳天下的宗教，都尊敬，都给它们建庙，现在好像还留有唐朝时的"景教碑"。

宗教的问题很难研究，现在有人说五教同源，那么，民间怎么讲呢？老百姓讲，"荷叶荷花莲蓬藕，糯米糯谷醪糟酒"，都是一个东西。所有宗教都是这样，这是中国文化的大度。

有人问，你们中国上古文化没有宗教的吧？我说，你错了，有宗教。你们西方的宗教是"丁"字架，不是"十"字架，我们的是"十"字架。我说你们的文化，西方人，欧洲同美国文化，是不管父母的喔，只管下一代。爱的是下一代，中间两边撑开，兄弟姐妹也不管的喔，只管男女两个爱。男女两个爱得也不长，你看你们是"丁"字形的。我们呢，不同，父母、祖宗、祖宗的祖宗一直上去，再上面是上帝了。

"上帝"这个名称，中国文化中是从《书经》上来的。"十"字下面儿子、孙子，下去子孙万代，旁边是兄弟姐妹，整个的社会国家，这个是"十"字架。你们是"丁"字架的文化，你们就是两个人爱啊爱啊，爱是什么东西也不懂。然后，你们上面就直接通上帝，中间没有个桥梁的。我们有桥梁，由父母到祖宗，一直上去上去，就到"上帝"。一步一步从楼梯上去，从上面一直下来。左右这样分开是十字架，再加上一个太极图，一个圆圈里头一个"十"字架。这就是中国文化。这个是给外国人讲的。

二、什么叫文化

这样吧，我们做一个总的答复。什么叫文化？注意啊，文化不是写文章，不是唱歌，不是跳舞，也不是画画。一个国家、一个民族，有政治、经济、军事、教育、艺术，等等，综合来看，人的每一种生活态度、言行举止，总体叫作文化，这叫人文文化，包括科学、哲学、宗教。所以，中国文化是什么？这个问题非常难答复。要懂得中国宗教是什么，科学是什么，人文科学是什么，自然科学是怎么讲的，才能答复。说文化，就很难答复。大概是这样。

我本来想用剩余的一点时间，谈谈人生的修养。人生修养很难，怎么做一个人最难。那么多问题，对不起了，我大概综合一起说一下，详细答不完。你们诸位给我的条子啊，每一张条子上都是可以讲三个钟头的问题。因此，我们以后，如果我还能活得长一点，将来有机缘再谈吧！

三、关于儿童读经的问题

我告诉大家，背诵，你们不要觉得新奇，这是古老的办法，像我小的时候就是读书背诵。现在真的要讲学问，你们注意喔，你们大概不到三十年就看到了，将来整个人类文化统一，这是人类整个的文化趋势。你们应该有这个心理和眼光的准备，才可以谈文化。不要只认为中国文化了不起，也不要认为西方文化起不了。

当年大家的教育统统靠背诵的，英文、法文、德文等也一样要背诵，现在外国人也发现自己不背诵的缺点了。背诵有什么好处呢？美国人的资料告诉我们，背诵还可以预防脑部的认知方面的问题，预防帕金森病，等等，治记忆不好的毛病。背诵英文还不行，最好是背中文。

从前人学东西都背诵。教孩子背诵不准讲理由喔！你就叫他背，像唱歌一样嘛！你看动物都跟着妈妈先学怎么叫，一样的，叫就是背。

比如说，现在发给你们的资料最后有篇《大学》，像我们以前读书，这篇是基本教育，我是十岁时背的。你问怎么背啊？我们小的时候读书，不看书的，这样唱的："大学之道，在明明德，在亲民啊，在止于至善……"尤其到晚上，看那个老师坐在上面，戴个眼镜，抽个长烟筒，该下课时老师不讲放学,他看书看忘记了。我们这一班学生怎么办呢?大家出声念:"大学之道,在明明德……"大家叫的声音越来越大。"哦?"老师把眼镜一拿,说:"放学啦!读得好。"哈哈,是这样背的。

背诗啊,像你们喜欢什么诗,总有两句记得吧?唐诗里边的,大概有一首诗你们都会吧,"月落乌啼霜满天"是吧?我们当年怎么背?"月落乌啼霜满天",读不对了。"月落乌啼霜满天,江枫渔火对愁眠",自己已经是快要睡着了。"姑苏城外寒山寺,夜半钟声到客船",是这样背的。背下来以后好像就忘掉了,但一提"月落乌啼","霜满天"就来了,不用脑筋想的。还用脑筋想,那怎么读,怎么背?完了,那不叫背书。

我常常告诉青年同学们:"你们要多背书,包括英文也要背。"以前小的时候,我们有些同学学英文,早晨起来,我们笑他,不背中文,站在门口拼命背英文。以前英文教育,先学音韵;现在先学语文,这个不同。所以背书的好处,还可以治病,还可以唱歌,还可以念经,开句玩笑,说不定还可以赶鬼呢!有时候鬼一来,你把那个书一背,鬼就跑掉了。信不信在你,讲不讲在我,呵呵!这是背书方面。

四、传统文化同现代工商业文明的关系

当然有关系,工商业文明也好,现代文明也好,科学、精密科技也好,我们是不是一个人啊?问我们自己,当然是一个人。我们是不是一个中国人?当然是个中国人。我们跟老祖宗一样不一样?一样的。既然是一样的,都是一个人,不管时代怎么变化,自己总要站起来!现代文明,不过是一个新的方式而已。尤其传统文化通了,看现代的文明,跟传统的一结合,你就会有最高的智慧了。

人总是这样一个人,现代文明并没有根本改变了一个人吧?我还常常告诉大家说,你们注意啊,西方有一个资料,收藏在英国国家博物馆,现在公开了。英国人研究几百年来的人种。把中国人(黄种人)同黑人、白人、棕色人种,各种结合,通过收留孤儿,把他们配对。以前白人不

告诉我们,现在没有办法,都知道了。一配对了以后啊,糟糕,任何一种人跟黄种人结婚,第一代生下来眼睛变黑了,第二代头发变黑了,第三代都变成黄种人了。是真的喔!所以你问中国文化跟西方文化,你管他呢!中国人,什么东西来都能把它融化掉的。

五、年轻人要塑造什么样的特质,才能行走天下

这个啊,我经常告诉人家四个字。前两天,我在家里还告诉我们自己同学,一个知识分子的养成有四个字,上次资料里头有,就是"卓尔不群"。

什么叫"卓尔"呢?每个人养成独立的人格,就是真的民主,真的自由了。有独立的道德,卓尔不群,不跟着别人转,不要跟着别人学。

所以我上一次给清华大学的学员讲:"你们现在大家讲拼命要发财,发了财干什么啊?"我说赚钱非常难,用钱比赚钱更难。我常常说一帮学佛的朋友:"你们要做好事,我问你们,你们会用钱吗?"有一个在美国算八字的,同学们把我八字拿去算。这个人第一句话:"哟!这个八字很特别,是个花钱天才。"同学们哈哈大笑!所以同学们问我,我说:"你们就不懂得花钱,赚钱固然不容易,花钱更不容易。"

比如说,你们都讲学宗教的人、学佛的人要做好事。我说好,我今天晚上就给你十万,你拿出去做好事,今天晚上,给我花得一毛不剩回来。

真用一块钱做有意义的事,你做不到的。我说做好事啊,还要有善缘,还要有功德,还要有机会哎!你天天想做好人做好事,吹吹容易啊!好人没有榜样的,好事没有机会给你做的!所以,要养成"卓尔不群",独立的人格。

夏大慰: 各位学员,各位领导!刚才,大师以他非常渊博的学识,以会计这个历史,给我们做了一个非常精彩的演讲。大师讲话非常幽默风趣,而且言简意赅,令人回味无穷。

南怀瑾: 再见啊!

第三章　人文问题*

第一讲

主持人（金鼎俱乐部主席）：各位金鼎俱乐部的工商界的朋友们，参加今天这场讲座的各位来宾、各位朋友，今天我们非常荣幸地请到了当代国学大师南怀瑾先生！南怀瑾先生融会中国古今文化，融会东西文化，在研究中国文化三大传承——儒、释、道三家等方面，都有极深的造诣，为传播中国文化起了一个中流砥柱的作用。

十几年来，我追随南老师，学习了一点中国文化，建立了海南航空，并在修身做人方面，有了些体会。但是，比起我的老师，确实不及其万分之一。

在我再三恳请下，南老师答应今天给我们金鼎俱乐部工商界的朋友们，做一次关于中国人文和工商界发展的讲座。下面我们以热烈的掌声，向南老师的到来，和南老师给我们的讲话，表示衷心的感谢！

南怀瑾：诸位，我的名字叫南怀瑾。因为我是浙江人，年轻时，在上海、浙江一带读书，那时有名的，大家叫我"难为情"（"南怀瑾"用上海话发音）。上海话说"怕难为情"，所以主持人今天讲的，我很难为情，很不好意思。主持人好像有个专长，会开帽子店，给我戴了很多的高帽。

---

*　时间：二〇〇五年九月二十八日。
　　地点：上海四季酒店。
　　听众：中国商业联合会领导，金鼎俱乐部会员及嘉宾等共一百二十余人。
　　录音实录：赵云生、许衡山。
　　校对：马宏达。

不过，人都喜欢戴高帽的，明知道高帽是假的，明知是恭维的话，听到也非常舒服。可是大家不要给高帽骗了啊！

我的一生，到现在为止，自己对自己的评价，八个字："一无所长、一无是处"，没有一样对的。主办方这一次给我讲了好久，逼我再出来，好像演戏一样，向大家做个报告。我原来想象的，不是这样一个场面。平常我都反对他搞这些大场面，他会演戏，我看到这种场面我都很害怕，因为我是个乡下人，希望任何事情都很平淡，大家很平淡地讨论、研究问题，那倒是不错的。可是，他搞的这个场面很大。

今天碰到一个特殊的事情，不知道大家知不知道，今天是孔子的诞辰。这个孔子的诞辰，从上古到推翻清朝以后，经过几十年的研究，后来确定了是今天。国民党于一九五二年把这一天定为中国台湾地区的教师节了，在台湾今天还会祭孔，在孔庙祭拜。我来这里之前看日历，忽然发现今天就是孔子诞辰。

既然答应来了，讲个什么题目呢？每一次上课，如果拿书本来上课，带领大家读书，这个是我喜欢做的事。至于说演讲，过去曾有很多次演讲，从来没有题目。因为题目很限制人，为了一个题目，要想办法把所有东西拿到这个题目里来，很不舒服。所以，他临时问我讲什么题目，我说，没有题目，如果你勉强要个题目，就是"人文问题"。这是昨天跟他随便讲的。

昨天晚上，在我家里我还跟主持人说个笑话。我说这一次，你叫我演讲，这是开玩笑，我说你的好朋友们，听说都是国内顶尖的人物，我个子又矮小，一听到顶尖的人物，看"顶尖"就害怕。我说他们叫你来主持，叫我讲，一定是想研究你，因为听说你一毛钱没有，政府给你一千万，搞个公司，就搞出来了，公司管理得很好。我常常笑他：你真有办法，会"吹"，比我会"吹"得多了。不过，别人告诉我的却不是这样。平常我都给他开玩笑开惯了，所以我跟他讲，别人说你跟我学，手里拿个念佛珠，阿弥陀佛，南无阿弥陀佛，南无阿弥……忽然接到个电话，就骂：你个狗屎！你个笨蛋！大概别人喜欢研究你，怎么样念佛打坐，然后又讲管理，又骂人家臭狗屎，一定在研究你！所以又研究我啦！叫我来讲个东西。

他当年来见我的时候，我只偶然讲一个故事，提到唐人的两句诗，这是对现代的状况和对读书人、知识分子的看法。"尘土十分归举子，乾坤大半属偷儿。"所谓"举子"就是读书人。后来清朝考知识分子，有学问中举的叫"举人"。在唐代，这是随便一个统称，凡是知识分子，就称为"举子"。这句诗的意思是说："世界上的事情，知识分子一点都没有用，读书没有用！读书人读了一辈子，不过是回到泥巴里头打滚，没有用。这个宇宙、这个世界上的一切大事情，都是小偷、土匪啊之类的人，才会做出来。"所以，我当时写这两句话，是跟他说笑话讲起来。我说，你大概也是个"小偷"，不过呢，手段高一点，"偷"得大一点，嘿嘿！他听了很高兴，他就把我写这两句话的那个小小条子抓走了。他说回去要看的，所以他到现在还是"大偷儿"。

讲到这个问题，我就想起来一件事。今天给大家要研究报告的，根据主持人的想法，在目前这个环境，大家要讨论了解的，可能就是现代中国人最流行、外国人也流行的一句话，就是中国文化问题。

常常有人提到中国文化问题，我就问人家："我读书一辈子，现在都快九十岁了，我不晓得你讲的中国文化是什么东西！你能简单一点答复我吗？"这很难答复。现在一般讲中国，讲文化，像演电影啊，唱歌啊，搞些少数民族的舞蹈啊，或者是书画展览啊，明星的出场啊，如果这些叫作文化，那不是很让人笑话吗？

文化，这是个总称，代表了一群人的政治、经济、军事、教育、社会，乃至生活中的衣食住行、言行举止、讲话、做人的态度，一切，等等。当然，还包括了演戏，包括了画画，这一切都是属于文化范畴。现在动不动，就拿演戏啊，开一个场面来当文化，那我们今天也就算是一个文化活动了。大家这样排排坐着，这个排场是现代文化。三十年后，五十年后,也许这个环境的布置又落伍了,所以这只属于现代文化。

文化两个字的意义太大了!现在一般人讲到中国文化时,也有人高明地答复:"儒、释、道三家是中国的文化。"多会讲!至于什么是儒、释、道三家的内容呢,一点都不知道,包括我们主持人在内,当然,我们在座还有老同学,后面还有那位张教授,须眉皆白——胡子头发都是白的。这位张教授是我的学生,湖南湘潭人,现在也七十岁以上了,他跟李敖是同班同学。张尚德啊,王尚义啊,当年在台湾他们来见我的时候,都是年轻大学生。现在一看,须眉都白了。他是研究西洋哲学、中国哲学的。我昨天一看张尚德来了,我说:"很好!你来好好念一下书。"他会念书,我们以前讲到中国文化,是靠读书来的。现在我想,在座的诸位不知道什么叫读书。书是怎么"读"出来的?以我"倚老卖老"看来,在座诸位,都很年轻,年纪跟我差一大截。你们不是"读"书来的,是"看"书来的,你们是"考试"来的。

自从推翻了清朝,一九三〇年以后的教育就更糟糕了。由小学读到中学,中学读到高中,到了高中以后,中学的东西不要了。高中读到大学,前面都不要了。大学以后读到出国留学,留学回来,以前几十年读的书都浪费了,因为书不是"读"来的。所以,讲中国文化,不管是外文也好,中文也好,都没有基础的。

我在大学里也教过书,也带了很多硕士、博士的学生,我上课从来手边不带资料的。想到哪里说到哪里,因为是读书"读"出来的!张教授也有这个派头。

什么叫读书?"读"书是用嘴巴念的。所以,我这七八年当中,在内地提倡儿童读经,从幼小儿童起就读书,现在这个做法在无形地推动,不但影响国内,还影响到外国。像我,当年就是受这样的教育。因此,去上课也好,演讲也好,不带讲稿,也不带计算机。所以我就笑主持人,他每次来跟我谈话都带个本子,什么都记,我说:"没有用的啦!你记了有什么用?"越靠笔记本,反而越是什么都记不住!你们现在很危险的啊,不是危险,是很好笑的。不但靠笔记本,还靠计算机,什么事情听来就放进计算机。当场一问你,一片空白。如果停电了,什么都没有了!

我们呢,是读书读出来的,那不同喽!从小记下来的东西,越到后来越有用,不用思考,脑子里就出来了。所以,只要带一支笔,以前是拿一支粉笔就来上课了,讲到哪里,原文就背出来、念出来,还要一字不漏。所以说现在,要这种读书方法才行。

我发现,半个世纪以来,不但中国人,连外国人也不读书了。譬如英文、法文、德文,以前也是这样读出来的。现在也同我们一样,靠现场记下来,为了考试,考试完了,东西统统丢掉了。浪费精神、物力,浪费人的脑筋,再把世界上的人都变成近视眼。

我最反对把人弄成近视眼!我说你们读书有我读得多吗?不要说别的,连小说我都看了近万卷。只拿小说来讲,还不要说其他的,我到现在还可以不戴眼镜看报纸。你们现在看书那么用功,靠计算机、靠本子的,又记不得,又把脑筋搞坏了,这是很严重的问题。

刚才我讲了许多的闲话,这个意思说明,讲中国文化,高明一点说是儒、释、道三家,三家的内容是什么?一句都不知道,都是乱扯!然后讲儒家,儒家是什么东西呢?孔子、孟子,今天正好是孔子的诞辰。孔子、孟子究竟讲些什么东西?现在人都在乱讲。可是呢,国外,像美国、欧洲,欧美各国研究中国儒家,研究中国文化的,那比我们重视了,等一下我给大家报告。

说了这个,我就讲到读书的重要性。谈到中国文化,如果说书本的话,都在古文里头。诸位如果是学简体字出身,由简体字、白话文入手,对于中国文化啊,就用一句上海话形容:"谈都不要谈了!"一句话都不能讲,因为你都不懂,没有办法去谈这个东西。

中国文化都在古文里头,古文都是繁体字。那么,这个繁体字有什么好处呢?我们先要了解一个问题。人类的语言,以前三十年一变,中国、外国都一样。现在不同,我发现社会上的语言已经是十几年一变。

我讲一个很小的事情给你们听。过去我们受的教育,老师是坐着讲的,学生是站在前面听的。背书就要当面背出来,不要拿书本的哦!不但要背出来,还要默写出来,中文英文都是同一个教育方法。所以,上课时候如果要上厕所,要向老师报告,以前我们不叫老师,叫"先生",先生就是老师,老师是这几十年叫惯了的。"先生!"老师戴个眼镜问:"做什么啊?""嘿嘿,要出恭。"出恭就是大便的时候,蹲在那里,两只手那么拱起来,所以叫出恭了。

后来长大一点,推翻清朝以后民国初年流行的,不叫出恭,叫"解手"。"解手"两个字是什么意思啊?据说,当年张献忠杀人的时候,把老百姓绑起来,一串人走在路上要大便了,说:"请你解个手嘛,把手放开。"管犯人的人说:"你要哪一种啊?"小便,解一只手,叫"小解",大便两只手都要解开,叫"大解"。所以叫"解手"。

然后,外国文化来了,上厕所,叫"W. C.",又有新的变化了。我到了台湾以后,慢慢又变了,我的孩子们从学校读书回来,他说他要上"一号"。我说:"什么叫一号啊?"他说一号现在就是厕所。哦!这一号是厕所。那么二号呢?我以为一号是大便,二号就是小便喽!我的孩子说:"你错了,完全落伍了,二号是福利社,一号才是厕所。"

现在又变了,叫什么?不知道。你看,小小的言语,那么多转变。言语文字是跟着时代的转化在变的。

那么,我们中国的古文教育,小的时候,六岁左右开始入"小学",先认字,这是几千年《礼记》的传统文化。然后呢,生活的教育是什么?洒、扫、应、对,家庭的教育。所以,中国的教育是以家庭教育为基础的,不是靠学校的。

这里我又岔过来讲,真的讲中国教育,那问题很严重了。我们自古以来几千年的教育,从哪里开始呢?从"胎教"就开始。一个太太怀孕了,马上开始教育,先教育这个太太。你们讲的儒家,《礼记》中都有的。周朝以前，差不多一直到秦汉这个阶段，教育严格到这样，都从胎教开始的。太太一怀了孕，为了教育胎儿，住的房间不同了，挂的画也不同了，穿的衣服也不同了，孩子生出来以后呢，父母家庭教育开始了。

现在的教育，我发现，第一流的人往往接受最末等的家庭教育。尤其在香港、台湾，在外面的华侨，我所看到的，第一流的家庭，很有钱，两夫妻都有汽车，出去做事的，生了孩子，找一个菲律宾的、印度尼西亚来的保姆，就交给她。所以第一流家庭的孩子，都从接受最末等的教育开始。

教育是从父母的言教、身教开始，由胎教到家教。像我小的时候到别人家里去，人家看到我问："这个孩子是谁家的啊？"人家说："这孩子是南家的，南某人的儿子。""很好噢，很有家教。"不会像现在一样，问他什么文化程度啊，他读到博士没有？那时不理你这一套，你拿到博士，做官回来，一看你的言行举止不对，老一辈人就会说："这个孩子没有家教的，还出去做官呢！"老一辈人是这样骂人的，这就是我们的传统文化。

现在讲回来，那个张尚德教授，最初他听我讲课的时候，他心想：这个老师，真不会讲课！天马行空，东一句，西一句。他是研究逻辑的，听了很烦，他说他很想上来打我一顿，不过现在老了，打不动了啊！

其实，我现在没有乱七八糟说啊！刚才是解释孩子小时候的教育，中国传统文化叫六岁入小学。小学是学文字。至于生活的教育则是四个字：洒、扫、应、对。怎么样做学生，怎么样扫地。

譬如，今天还有个老学生在这里，李博士。他在上海发展，斯米克公司是他创办的，他是美国斯坦福大学的博士。他当年来见我的时候，还是个大学生。我说："你跟我学什么啊？"他很傲慢的，他和那个张教授都是台大的学生。在台湾所谓台大，像是内地的北大，出来的学生很傲慢，我就整他。我说，我这里学费很高，私人讲学要学费的。他说："我没有钱。""没有钱，要打工。"他说："可以，做什么工？"我说："洗厕所。"他现在有时候告诉后辈的同学，他就笑人家："老师有没有叫你洗厕所啊？"我当时就是叫他洗厕所，倒茶，怎么洗茶杯，怎么抹桌子，这叫洒、扫、应、对。所以到人家家里去，一看客厅的样子，自己晓得自己的身份年龄，应该坐在什么位置，这都是从小的教育，生活的教育。这个阶段，叫六岁入小学。

关于人类的语言文字，不管英文、法文、德文、日文，随便你什么文字，释迦牟尼说过一句话——语言文字，不能代表人的意思思想。所以任何一种语言，任何一种文字，没有办法表达人的真正思想和情绪，如果语言文字可以完全表达人的思想情绪，人与人之间就没有误会了。你看夫妻之间也好，朋友之间也好，往往因一句话发生很大的误会，就是因为言语不足以表达真正的意思、精神。

那么，中国字呢，就不同喽！跟世界上的文字都不同。中国字是方块字，有"六书"等六种结构或使用方法。小学就懂得六书，譬如"天"字为什么这样写？过去拆字，一叫作一划分天地，就是说，以科学哲学的道理，这个宇宙天地是完整的，不能分开。我们人类创造文字，拿一划分开了，叫"一划分天地"。一的上面一竖，点一点，叫"上"字，这叫"形而上"，就是说，看不见的天。一的下面，如果下来点一点，叫作"下"，这个里头讲起来很有趣。中国的文字，实际上开始都是图案。

为什么变成现在这种文字呢？因为我们祖先，晓得人类的语言，三十年一变，如果用白话文把古文记下来，到现在五千年，这个书是没有办法读了！所以把语、文分开，把语言变成一种文字。因此我们五千年的文化，用古文保留下来，只要学两年的工夫，一个孩子学通了中国文字，就是"上下五千年，纵横十万里"，这个文化一下就懂了。所以，文字是独立的。像我们中国字是方块字，在《康熙字典》里面，大概有五万个字。但是一个中国人，如果方块字认得有两千五百个的话，哦哟！这个学问是非常大的喽！大学教授教语文，教国文，还认不到一千五百个字呢。

我常常同外国朋友讲："我们和你们不同啊，你们的英文单词到现在有五十多万个哪！平常用到的是一万多个。你们的文化和我们不同在这里，但是你们不晓得啊！"

我们中国人有个"电"字，发明了一种灯，叫"电灯"；椅子有电，叫"电椅"；通话，有"电话"；能看到的，是"电视"。很简单！他们不同，每发明一个东西就要创造一个词，统计起来有很多很多。

所以，中国文化的教育传统是六岁入小学，是先要认识字，十八岁入"大学"，这是过去的教育。"大学"不是现在的大学，所谓大学就是"大人之学"，要做一个大人了，长大了，学怎么样做人、做事，这个叫大学。我们过去的教育传统是这样的。"二十而冠"，二十岁戴帽子，男孩正式变成男子汉，成人了。等于我们现在法律规定，二十岁正式成人，取得法定的成人资格了，身体还没有壮，所以叫"弱冠"。女人二十而嫁，男人三十而娶，要结婚。中国人各地也不同的，乡村习俗更不一样，像我们十几岁就结婚了。

中国文字是这样来的，因此我们现在不读书，不懂得中国文字，古书就读不懂啊。

中国文字为什么是单个的方块字呢？这就是中原文化。以山西、河南，尤其是以河南为标准，中国的中心地带是河洛。这个阶段文字的建立是非常重要的。刚才我的话，没有离开原来讲的啊！所以我们当年读书是要这样把中国文字背来，背进去了以后，一辈子用之不尽，学问就是这样读来的。现在，讲儒、释、道三家的学问，真难了！因为大家没有基础。主持人常常跟我谈求学，他的确很勤劳，我很佩服他，他比我还用功。每次到我那里谈话，总是拿笔记本，任何一句话都记，记回来又拿毛笔写，写了以后，下一次又要来。不过搞了半天，我说："你这样搞不好的。"到底年纪大开始读书，很难，这就像我的办公室，叫南办（难办），不好办的。

但是，你们知道中国人读书，孔子有两句名言："古之学者为己，今之学者为人。"荀子也引用过。我讲的这两句古文，是小时候背来的，不用本子的。古人读书是为自己读的，像我们小的时候读书，以我个人来代表,说明中国文化的这个作风。我从小什么都爱读,到现在我近九十岁,对自己的生活、求学努力的程度,同十二岁时没有两样。没有一天不求知,没有一天不读书的。为什么?"古之学者为己",为自己的兴趣,不是为别人,也不想拿学位。什么博士啊,硕士啊,我同汉高祖一样的毛病,看不起什么学位,我一辈子也没有学位,我一辈子也没有一张好好的文凭,可是我一辈子什么书也读了。"古之学者为己",为自己的兴趣。

"今之学者为人",孔子说现在人求学问,吹牛大了,为什么读书啊?读书来求知识,为了将来替社会服务,替国家做一番事业。吹大牛!所以"今之学者为人",自己吹牛,不为自己,为别人读。其实也对,现在有许多孩子,读书是为父母读的。因为假使不考取高中,不考取大学,会给父母丢人嘛,"今之学者为人",不是为自己的兴趣读,很可怜。

我昨天也想到,这两句话又要改了。孔子、荀子所讲的这两句,到底是两千多年前讲的,现在我改为:"古之学者为己,今之学者为钱。"同你们一样,读个书出来,赶快找个好的职业,怎么样赚大钱,最好学管理学,学金融,学计算机……学的是技术,不是为求学问。

所以真的学问啊,是在中国文化之中,在古老的这个经典里头。我倒希望你们这些同仁们,尤其是主持人,对不起啊!因为我只认识主持人,跟诸位初见面。主持人和你们大家所组织的这个俱乐部,最好读书,最好读历史。尤其是现在中国人,不懂自己国家民族的历史!你们可能真正的中国史都没有读过,那些了解都靠小说来的。最近播了一部电视剧《汉武大帝》,你们看了以后,好像觉得自己还懂一点历史。如果没有小说给你看,没拿戏给你看,你就不懂,这真是非常可怜的!

最好你们这个组织,每个人负责读一段历史。这个事情过去我在台湾的时候做过,当时海陆空一班将领们,有许多都听过我的课。有一次我提倡:"你们不读历史就不懂战略,不懂战略怎么样打仗呢?"我说:"你们去读《资治通鉴》。"他们问我:"怎么读啊?"我说:"你们三十个人把一部《资治通鉴》分开读,你读这半本,他读那半本。一个礼拜后,他来报告这半本是什么内容,你们问他问题,意思不懂的问他。然后下一个礼拜,你报告。他读汉朝的,你读唐朝的,这样每一次分工报告,那不是大家集体都读了吗?"结果用了我这个方法,他们不到一两个月,每人历史都讲得呱呱叫!都会了。你们现在读书,只好学这个办法了。所以我奉劝你们诸位,你们这个组织,大家都是很好的朋友,不要浪费了,大家抽时间读书。

讲到读书,我真正的正题还没有说呢,现在还只是在序言上面报告。你看我现在八九十岁了,对于读书的生活,从早上到夜里,我没有变更过十二岁起的习惯,没有一天不读书。但是我也没有一天不做事啊!跟我在一起的同学,这里有很多,包括那位张教授,都是老同学,知道我的生活习惯。你们现在读了一个大专,毕业,去做事了。然后每一天呢,尤其像你们这些大老板们,做官的人,一天两餐地应酬,吃好的,鱼翅、鲍鱼、燕窝,我看到就讨厌!不是我不喜欢吃哦,我是一个很讲究吃的人。我看到现代人不会吃,光会花钱。什么叫好吃也不懂,钱花得很多,样子摆得很漂亮。你们两餐应酬,中午给人家请,晚上请人家,还兼带卡拉OK,四套功夫。你一天八个钟头办公,一个公务员一天两次应酬,三餐吃饭,你哪有时间办事啊?不但没有时间办事情,更没有时间读书!

以前不同的,你不要看旧文化,清朝推翻以前,做官的人,你看京戏就知道,那个做官的回家,太太出来,"老爷,请!""夫人,请!"然后夫人叫丫鬟,陪老爷到书房去读书,不回自己的房间。古人说,一天不读书,就俗气了;现在的人啊,一天不应酬,就觉得无聊了。所谓应酬,就是吃饭,卡拉OK,吹牛。

所以,这个就要改变一下。希望你们这个团体,带动这个风气,真正好好读书,真正好好反省,还来得及,而且读书最好是朗诵。

刚才讲到,过去都是从小学开始接受古文教育。说到古文,大家说,怎么那么难读？其实不然，我记得我只花了半年时间，已经把它弄懂了，后来学外文也是从这个方法来。当然，我不喜欢外文，喜欢中文啦！只注重中文，特别喜欢！中文只要学一千多个字，最好是读一本《千字文》。

这个《千字文》，你们大家知道的，要会背。你不要看不起《千字文》哦！主持人有一个亲戚，写了一本《千字文》的批注。大家知道《千字文》的来源吗？是梁武帝的时候，一个叫周兴嗣的大臣写的。梁武帝是无锡常州一带的人，江苏这一带啊，历史上出了十几个皇帝了。

传说周兴嗣有一天犯了错误，梁武帝气得要杀他，可是实在是不忍心杀他。所以把他关起来，罚他一夜之间，用一千个不同的中国字，把中国文化的纲要，写一本书出来；拿我们现在讲叫"上纲"了啊！他就一夜之间，用一千个不同的中国字，把文化系统，包括哲学、宗教、科学、人文、经济、政治，什么都包含进去了，写成了《千字文》。第二天，房门一打开，一夜之间周兴嗣须眉全白了。梁武帝一看《千字文》，服气了，说算了算了，不杀他了，一切都照旧。《千字文》就是这样来的。

假定现在把《千字文》念懂了，再加上自己多用一些功夫认字，你读古书就很简单了。古书读会了，读其他什么政治、经济，那就像看小说一样了。我们当年读书的方法、习惯是这样来的，书是"读"的。所以我主张读书。

讲到古文读书，还有单个字的问题，有什么好处呢？我也常告诉人家，这是中原文化来的。你看我们中国人，原来讲话，每个字读音都是单个字。我常替河南人不平。我说我也是河南人，人家说你是浙江人，我说我的祖宗是从洛阳迁到浙江的，当时河南是文化的中心。我说你们不要太挖苦河南人，但是，我有时候也挖苦河南人，不是挖苦，是有趣的笑话，从这个笑话，你就懂得中国字的文化啦。

说到河南人讲话，有人夜里起来有事，家里问："谁？"一个字。那个答复的人说："俺。"（我）"咋？"（做什么？）"尿。"四个字就完了。夜里听到有声音，谁？是我。干什么？屙尿去。如果是上海人，侬啊啥您啊？夜里起来干什么？阿拉起来夹嘘啦，啊哈，啰啰嗦嗦说一大堆话。中原文化，就这样简单。所以古书就是这样，中国字由单字构成是这样来的。

我们的《康熙字典》，一共有近五万字，收录了各地方言的简体字、白话字，连老百姓用的，都把它编出来。我现在常常笑简体字，我说简体字是我们发明的。我说，我啊，十九岁起已经带兵了，抗战以前，我们带的兵啊，没有文化的多，都是文盲。如果叫他送一封信，要快速，就画一个"十"字，他知道要快一点；两个"十"字，要跑步；三个"十"字，要拼命跑。把信送到卫兵室就可以了。卫兵的"卫"字不会写，画一个旗子，下面画一横，就是"卫"字。所以简体字是这样来，是因部队里头的文盲而开始的。

那个时候中国人有两句老话，"好铁不打钉，好男不当兵"，我们出来的时候是这样，对于军人还是这个想法。因此对文盲，发明了这些字。告诉他们这是卫兵的"卫"。"前面那个门口插个旗子的地方就是卫兵室，你送给他吧。"这样画一个记号，他就懂了，很多字就是这样来的。尤其是我们军队指挥的时候，一二三四五六七八九十，"一月一号"讲不清楚。因为以前的电话是手摇的，长途讲不清楚，怕"一月一号"听错了，就说"幺啦！"一个零，在电话里头听到零，或听成别的了，就说一个"洞"，所以"幺洞"，就是一零，就听懂了。那个"七"字啊讲不清楚，就说"拐"，像一个拐一样，文化语言就是这样来的。

第二讲

南怀瑾：刚才我随便报告一下，做一个开头序言。等一下给大家介绍中国文化的一些要点，尤其是关于你们这个阶段的。我们现在换一个话题。

在座诸位,都是当今时代顶尖的人物。而且,大家事业都有成就了。讲到事业,我又要岔过来。他们老同学们笑我,老师又来了,天马行空又乱岔了。

你们现在工商业做得好,发了很多财,或者官做得很大,这不是事业,这个是职业。中国文化,什么叫作事业呢?成书于孔子后学的《易经系传》有一句话,叫作:"举而措之天下之民,谓之事业。"一个人一辈子,做一件事情对社会大众有贡献,对国家民族,对整个的社会,都是一种贡献,这才算是事业。

譬如大禹治水,为中华民族奠定了农业社会的基础,功在万代,这叫事业,真正事业的精神在这里。我们普通人,像你们诸位,对不起哦,大家很发达,都是大老板,而且官也做得好,有财、有官,叫作"抬了棺材"了。但是,这个是职业,不是事业。

今天我希望大家认识一个时代,我现在的话同上一个钟头的意思,有连带关系,不过又转变了。我认为今天的文化,主要在四个东西上面转:一个是达尔文的"进化论";一个是弗洛伊德的"性心理学";一个是凯恩斯的经济学"消费刺激生产";第四个,马克思的《资本论》的思想。这四样转了一百多年了,前所未有。现在整个的人类世界,思想文化上困惑很多,这一点你们要注意。

我常说,你们工商界讲经济学的,始终在凯恩斯的"消费刺激生产"范围里转,这是最坏的经济思想观点。昨天我还跟主持人吵架,我说:"你啊,你中秋节送来的礼物,月饼只有四个,但是那个包装,哎哟,比故宫博物院的包装还好!"这是消费刺激生产的思想,非常浪费。你看,中秋节,还有中国人过年,这个礼品包装的消费,堆积如山,这还得了啊!这不是经济的作为。

如果要消费刺激生产,顶好人类天天打仗。所以你看,美国到处挑动打仗,打仗是最大的消费刺激生产了。现在,美国人已经由凯恩斯的经济思想,到提倡走最新的经济思想,所谓新自由主义。这个新自由主义你仔细去研究一下，完全站在自己国家的立场，拿经济武器统治全世界，用钱来控制全世界的人，要变成帝国主义，变成国际经济军阀。这是什么文化？我们要深思！

我们作为中国人，今天你们诸位老板，我常常问，你们发财为了什么？以中国文化来讲，任何一个人发了财，要注意一件事，"一家温饱千家怨"。一个人发财，或者一个公司发财，很多老百姓会怨恨他们的；至少是"侧目而视之"，眼睛歪着看，格老子他怎么会发？这个公司做到那么大啊，我们怎么办？"一家温饱千家怨"，这是我们过去读书背来的。所以我们从家里出来读书，不想做官，"半世功名百世怨"。读书出来做官，做了几十年的官，也同时造了不少恶业，所以我的老祖母吩咐我："孩子啊，读书可以，千万不要去做官，一代做官九代牛啊！"一代做了官，自己犯的错误，要九代子孙做牛来还人家的债，这就是"一家温饱千家怨，半世功名百世怨"的道理！

所以，我们今天在工商界发展，怎么看清楚这个时代，我先提出这个纲要。如果根据这个讲法的话，可以讲三四十个钟头的。你看，我们现在的发展，我觉得不少是盲目的，非常可怕。要做到不盲目发展，自己要有真学问才行。

我最近常常讲，今天西方文化，欧洲暂时不谈，拿美国来做代表，在美国，我常常跟美国朋友、同学们讲笑话，我说："你们美国到现在两百多年，人口那么少。我们有五千年，太古老了。你们那里可真是地广人稀。"看了农场，我说："真了不起，值得骄傲！但是，你不要骄傲。"我说："把中国三亿人口给你，你就完了！"他说那真没有办法。美国地广人稀，历史那么短，可是他今天是代表西方文化的统帅。

美国最新的科技进步，有一个是认知科学，正在萌芽，未来的问题很严重。第二个是生命科学，现在是最顶尖的。像我们后辈的，有位同学的孩子，暑假寒假回来，我常常笑他，我说："孩子，你倒是中国到西方学认知科学第一人。"他跟我摇头说："他们美国人根本不懂，所以太老师啊，我还是回来听。"我说："你赶快研究，我给你讲的，你用英文写出来，你将来就成为世界上认知科学的祖师爷。"

什么叫认知科学？人，怎么会有思想？人的思想究竟是从脑子来，还是从哪里来？思想是个什么东西？过去讲哲学，讲认知，那是知识论的范围，现在新的来了，叫认知科学。我说："当今之世，你们除了找我以外，你们都不懂。"我就是那么跟他们吹牛的！

人的思想，究竟是不是从脑子来的呢？进一步说，究竟是唯物，还是唯心？是哪个心？我们所讲的，西方哲学讲的唯心，就是意识思维，这个不足以代表。东方哲学，中国跟印度讲的唯心，是本体论的唯心，这个很重要。现在他们刚开始，你们诸位好好地努力，不是迎头赶上，因为我们固有文化里本来就有这个东西，而且很多，可惜大家没有发现。

第二个新的科学是生命科学，更是中国的了，那是印度跟中国的专长。我们中国几千年的文化传统，拿现在观念来讲，在认知科学方面是一马当先，生命科学方面也是一马当先，我们都有。可是我们自己呢？这个教育的体制，这个文化知识的教育，自己一点都不懂，茫茫然！所以，希望你们赶快努力。

再说，发了财以后，钱究竟做什么用？我相信你们大概都到中年了，钱越多痛苦越大。你们觉得事业很兴旺，但是烦恼越来越多。我以前有一个银行家朋友，名叫康新之，陕西人，抗战时候的银行家。那个时候我还不到三十岁，我们是忘年交。我虽年轻，可是资历很老，我的朋友都比我大三四十岁，忘年之交太多了。我最年轻，他们都是老一辈，除了梁漱溟是神交没有见过，其他的，如马一浮、冯友兰、钱穆、郭本道，这一批人，都是朋友，平辈的。讲哲学唯识的熊十力，都还是后辈。

当年的忘年之交康新之，就告诉我康家上代一个故事。有个人发了财，每天晚上，自己打算盘，哗啦哗啦，打到夜里。过了三更，差不多一两点钟还没睡觉，他太太陪在旁边。以前老规矩，老爷没有睡，太太一定要陪着在旁边缝针线，等着他要茶要水。有一天，隔壁墙外面，一个穷人挨着这个高墙搭了一个棚子。两个年轻夫妇做豆腐卖,三四点就起来,两人有说有笑又唱歌,一边磨豆腐。这个康家的老前辈,两三点钟还没有休息,还在打算盘看账。这个太太就讲话了:"哎呀,老爷,早一点休息啦,你看我们还不如墙外面的两口子,多快乐啊!"

老前辈一听:"这样啊!我马上叫他不快乐。"这个太太吓死了。"老爷,你不要害人喔。"他说:"我不害人。"就进里头拿一块银元宝出来,叫太太:"你跟我来,跟我来,到墙边上站着。"邻居那个茅草棚搭在他家的高墙下面,他把这一块银子"咚"的一声,丢过去。

银子一丢过去,两夫妻正在磨豆腐,听到那个声音,说:"什么东西啊?"一看,"哎哟,元宝来了!发财了!上天赐给我们,怎么办?"两个人不磨豆腐了,也不唱歌了,没有声音了。三天以后,一点影子都没有了。这个康老先生就告诉太太:"你看,我叫他们不快乐就不快乐。"这个故事的意义,我想你们也差不多知道了。

我和主持人他们讲,我说你们做生意的,还有经济学博士,这里也有很多博士,我说你们的经济学是书本上学来,没有用的,我的经济学是从实践中来的。我做过生意,赚过大钱,这还不算数,我还垮过三次,垮得光光的,当衣服吃饭。我感觉,懂了这个才懂得经济学,才懂得做生意。你光有赚钱的经验,没有垮台讨饭的经验,你还懂个啥的经济学啊!不行的。

赚钱不难,用钱比赚钱更难。有些学佛的朋友跟我说,要做功德做好事。我说:"你不要吹了,我现在给你十万港币,你今天晚上到香港街上,做一件好事回来,我给你磕头。要做好事不容易啊!你不能到卡拉OK找个女朋友,一下送十万,那不是好事,那十万还不够呢!还要两百万呢!"

做好事,还要有福报、有福气给你碰到这个机会,你才能够做啊!花一块钱可以救人命,这才是做好事。至于上庙子去,这里去送个一万,那里送两万,到处烧香磕头,这个是骗自己嘛!这个哪是做什么好事啊？这是做生意嘛！你看老太婆到那个庙子上拜拜的，三块钱买一把香，买两根香蕉，菩萨面前拜个半天，要菩萨保佑我全家平安、发财，我的儿子大学考取留学，回来要发大财……然后，烧完了香，香蕉还带回去给自己孩子吃。要求的那么多！这些人上庙子都是做好事吗？都是做生意！这个不是做好事。真做好事，不是那么容易的。

有一次，我在苏州，跟许多同学在一起吃饭，吃完以后，菜太多了，我还是老规矩，对他们说："好可惜噢！你们叫那么多，太浪费，包起来带走。"有个年轻同学说："我们在街上看见苏州的叫花子好多啊，我们送去。"我说："今天晚上这一包剩菜你们送掉，我南字不姓，改姓北了。"结果他们不信，到了街上，果真一个叫花子都没有。我说："这些都是职业叫花子，他们早回去休息了，已经发了财去休息了，他还跟你要剩菜剩饭吗？"结果真送不掉。然后他们走到一个转弯的地方，有三个人在一个屋檐口睡觉，盖一条被子。这个同学高兴了，总算找到了。我说："人家睡了，不要去叫醒他，他们不会要的啦。"结果，这一位女同学不相信，去叫醒他，有一个起来拿了，说声"谢谢"又躺下去了。我说："你走了以后，他还骂你笨蛋，这些人不是讨饭的，他是外地来打工的，你看他拉开被子起来，一身西装，他一边说'谢谢'，一边心里想，你把我当穷人看！他不骂你才怪呢。"所以讲，做生意赚钱做好事，真难。

今天碰到的这个时代，你们做生意，一个国际经济侵略的观念，你们要弄清楚，经济侵略有各种办法、各种手段。譬如，我最近听到好几个人说，美国很多各式各样的公司，到中国到上海来兼并、收购中国的公司。我们都高兴啊，认为外国人来投资了。但是，你仔细冷静一想，这个后面是什么主意、什么思想？这些都是很多的问题，我希望大家提起注意。

再转回来说，中国文化儒、释、道三家，同你们工商业发展都有关系的。

我希望大家看一本书，这本书译名为《孔子与中国之道》(台湾出版的），是美国最早的汉学老教授的著作，他的中文名字叫顾立雅。现在新的儒学家，美国也很多，中国也很多，但对儒学都没有搞清楚。所谓汉学，就是中国学。汉学这个名词用错了，不过我们已经习惯了。他这本书我看了，是我一个老朋友王正义翻译的。王正义是冯友兰的同乡，现在还在美国。冯友兰的《新知言》翻成英文，是他翻的，有一段禅宗方面的搞不清楚，后来来问我，我告诉他什么意思。这个老朋友翻译了这部顾立雅的书，因为他非常佩服作者。

中国文化没有儒、释、道三家的分别，至少没有儒家道家的分别。中国文化儒家、道家、诸子百家，综合起来，就是一个"道"，但不是道家、道士、道教那个道。什么是"道"？西方人现在正开始认知，叫作"认知科学""生命科学"；中国文化的"道"，就是以这个为中心的。

现在，诸位翻开手边的参考资料，第一章《大禹谟》，是《书经》上摘录下来的。什么叫《大禹谟》？这个"谟"，也可以说是国家中央政府的文告，也代表谋略，不过现在人叫"战略"是不对的。因为军事上叫战略，政治上不能叫战略，而叫作"政略"，其他的则叫"策略"。

《尚书》在四书五经里叫《书经》，是孔子编纂的，也是中国上古的历史文献，尤其是帝王与大臣们重要对话的简单记录。其实在清朝末年，光绪到宣统的这个阶段，四书五经的英文翻译都翻完了，可是大家也不理会，也没有找来读。那时的翻译，比现代人翻译要慎重。

《书经》上面这一篇《大禹谟》讲什么？是讲三代的禅让，尧传位给舜，舜传给大禹，这是真正民主选出来的中国帝王。所以，在我们历史上尧、舜、禹三代叫作禅让，由地方推选，是民选让位的，不是哪一姓传下来的。

尧传位给舜时，尧是一百岁。舜传位给禹时，也九十几岁了。这个时候传位，不是随便传。大禹在舜下面做事，几年当中，把黄河水利治好了，然后舜传位给他。等于现在做总理做了好多年，一切都试过了。然后，舜秘密地征求地方首长的意见："我要退位了，你们讲，未来的领袖谁来做？"大家秘密推举的都是大禹，所以，就传位给大禹。

舜传位时，要求大禹具备做帝王的几个条件，主持人常常拿来乱讲。我说："你不要乱讲，那个是帝王学啊！"做领袖要有三个条件："作之君"，做他的领袖；"作之亲"，变成父母；"作之师"，就是师长。《大禹谟》就是记载舜传位给大禹时，将这三个条件集中在一起的情况，好像在看一个电影的画面，非常好看。

譬如说这个"俞"（吁），是两个人在对话，表示"唉，不对噢"的意思。我们现在不懂古文，"俞"是个什么意思，大家完全不懂了。

文中表示，除了道德以外，最高还是司法，法治。所以道德礼让的政治以外，是法治。皋陶，就是舜禹时的大臣，司法部部长、司法专家，中国讲法治的最高哲学，就出在这里。

文中有两句话："罪疑惟轻，功疑惟重。"什么意思？舜吩咐管司法的皋陶，尽量重罪轻判，想办法研究清楚，不要随便判人的罪。"功疑惟重"，这个人有成绩，做官做事有功劳的，你给他奖金时宁可多不要少，这是古代的政治道德。所以中国后来的司法最高的思想，与这八个字是不能脱离的。

这里头还有个故事。苏东坡去考功名的时候，主考官是欧阳修，欧阳修的名气非常大，他有两句诗："书有未曾经我读，事无不可对人言。"欧阳修的学问非常有名，气派很大，虽没有做过总理，没有做过宰相，也差不多了。"书有未曾经我读"，他讲，世界上中国的书啊，也许还有我没读过的。这句诗你看起来很谦虚，其实是在吹牛，意思是中国的书我都读完了。但是，他讲自己做人的道德，"事无不可对人言"，一辈子没有对不起人的事，他吹这个牛，但他也真的是有这样的修养。

苏东坡来考试了，晓得这位主考官很难办，学问太好，天下书读遍了。有一本书叫《古文观止》，上面有苏东坡当年考试的一篇文章，叫《刑赏忠厚之至论》，是欧阳修出的一个实用的题目。唐宋的时候考试是考策论文，不是八股文，也不是现在的博士论文，是考你做"实际"学问的情形；万一出来做官做事，真要做出一番事业的道理，这个叫"策论"。"策"就是一个计划，你对国家政治看到某一点，写一个计划，就叫"策论"。

所以，欧阳修出了一个策论的题目《刑赏忠厚之至论》，就是根据《大禹谟》这两句话来出的。苏东坡很年轻，就写了一篇文章，这篇文章我还会背，是小的时候读的。他原文中的要点说，"当尧之时"，他说在尧那个时代，我们上古的那个好的领导，国家的这个皇帝，"皋陶为士，将杀人"。简单明了，只有七个字。要是我们现在写论文，就是公元前多少多少年，什么什么，一大堆乱七八糟的文章出来了。"将杀人"，有个人犯了重罪，非杀不可了。"皋陶曰：杀之，三。"司法部部长坚持非杀不可，三次。"尧曰：宥之，三。"皇帝讲了三次，算了吧，不要杀头了，不要死刑了，判他无期徒刑吧。就是说，上古的那个民主时代，皇上的司法部部长好像做生意讨价还价一样，皇帝从厚道上看，是尽量不要死罪了，给他教训，无期徒刑也好。这个司法部部长说，不行啊，国家有法，你的意思固然很宽厚，但非杀不可。

苏东坡写的这几句，是根据《大禹谟》这个思想来的。那个时候考试卷是密封的，试卷一角封掉的，谁也不能打开，打开是杀头的罪。

欧阳修一看，这篇文章写得好，思想也好，哎哟，这大概是我的学生，才做得了这个文章。本来要给他第一名状元，因为欧阳修认为今天的青年不可能有这样了不起的，一定是他的学生，为了避嫌，把他变成第二名。

苏东坡考取后，就要拜座主，就是"拜门为师"了。这种老师，不是读书的老师，是拜那个看考试文章的人，清朝叫作拜座师、房师。他上门拜师，欧阳修一看，奇怪了，不是他那个学生，是个四川人叫苏轼（苏东坡）。谈话之后，苏东坡就快要走了，欧阳修说，你慢一点，我问你，你写的文章，"当尧之时，皋陶为士，将杀人。皋陶曰：杀之，三。尧曰：宥之，三。"出自哪一本书啊？因为欧阳修实在没有看到过。苏东坡说：老师，对不起，学生是"想之当然"，意思是说我想象的啦！欧阳修愣了一下，不免又好笑，又佩服。心想这个年轻人胆子真大，他说想象如此，也没有错啊！他是根据《大禹谟》的道理想象出来的。

以前，我们年轻人跟老一辈人谈话，常有些调皮。老一辈人问我为何，我就引用苏东坡这四个字说，老前辈你不要生气，我是"想之当然"，大家也就一笑了之。

我们看到所谓古代讲民主的那个时候，"汝惟不矜，天下莫与汝争能。汝惟不伐，天下莫与汝争功"。大禹这个时候由总理提升到国家最高的首长了。舜告诉大禹，你不要骄傲，只要你不骄傲，大家永远佩服你。

中国文化的重点，也是生命科学和认知科学的中心，由十六个字说明："人心惟危，道心惟微。惟精惟一，允执厥中。"这是中国文化的中心。你们讲儒家也好，什么也好，就是从这里开始的，所以孔孟思想、老庄思想，统统从上古这里开始的。

"人心惟危"，人的心理、人的思想最可怕了，后天的人心是很可怕的。"道心惟微"，所谓中国文化的最高精神是"道"，儒、释、道三家最后所代表的，成佛是得"道"，道家成仙也是得"道"，这个道是什么道？这是一个值得研究的大问题。中国文化这个道，道心是精微得不得了啊！"惟精惟一"，方法是"精"跟"一"两个字。"允执厥中"，做起来，实行中庸之道。

第三讲

南怀瑾：我们刚刚讲到中国文化的道统，就是包括了儒家、道家，甚至后来从印度传入的佛家文化都在内，原理就是我们祖先的传统十六个字（可以当咒语念）："人心惟危，道心惟微。惟精惟一，允执厥中。"连大家喜欢学打坐啊，学密宗、学禅宗、学修身心的道理，大原则，都是从这个地方出来的。

因为时间的关系,我只好讲要点。另外,《大禹谟》告诉我们中国文化的政治、经济、社会、教育等一切大原则。

这个政治的大原则在《大禹谟》里头就是"正德、利用、厚生、惟和",这是尧舜传下来的。你不要轻看这八个字,如果每两个字一个概念,写政治学论文、经济学论文,都是做博士论文的题材。

古代的中国字,如果平常不好学深思,随便读过去,会觉得一点道理都没有。所以做学问的道理,子思在《中庸》里告诉我们五个要点:"博学之,审问之,慎思之,明辨之,笃行之。"做任何一个学问,甚至你们做事业,从事工商业,考虑一个问题也是这样,要"博学之",什么知识都要。可是,不要学了知识,就以为是学问,那是不行的,要"审问之",要怀疑。譬如大家问我怎么打坐、学佛。我说你们很乖的,不要学这个。为什么?因为你们不会怀疑问题。学佛修道就要会审问,就是怀疑、追寻,什么是佛?什么是道?要仔细,博学之,审问之。"慎思之",正面反面研究了,还要再考虑。然后还要合于逻辑,就是"明辨之"。再"笃行之",好好去实践。这是做学问的方法。

中国文化的政治、经济、教育等等,"正德、利用、厚生、惟和",这是上古传统告诉做皇帝的人,告诉大禹做帝王要注意这个。

第一个"正德"就包括很多了。政治的道德,一个领导人本身的修养,你的思想,你的办法,如何使大众、使人民,乃至你一个公司里的任何一个人,都能达到人品最高的修养。

经济方面如何"利用"呢?我们讲利用你、利用他,中国人这句俗话,几千年以前的根据就是《书经》。我们现在讲"利用你",下意识的观念,这是很坏的一个名词,我打主意把你骗了叫"利用"。真正的"利用"不是这样的,是做任何一件事,都有利于别人,不是只利于自己。

所以说"利用"就是经济学的范围,"正德"而后"利用",政治道德达到最高时,"利用"万事万物,使万民得利。然后,再讲"厚生",是讲怎么样生产发展。最后一个原则"惟和",一切都要用和平达到,不是用斗争达到，也不是用政争达到，更不是用战争达到的。

所以你看到的虽然只有八个字，但包括了中国几千年文化的很多部分。如果我光讲这八个字，做成四个题目来讲，可以写四本很厚的书，所以不是那么简单的。今天我们没有时间，只能大概介绍一下。

对不起啊，我把你们看成青年，这些书你们大概摸都没有摸过，可能看到都会丢掉，认为这些古书都是落伍的，可是中国文化的真正根源在这里。所以今天特别提出来《大禹谟》，全篇里头有法制，有民主，有很多的东西，全文却很短。

我们现在很多人读书不是要得到博士学位吗？博士这个名称，是战国时的学官名。秦始皇时代开始，六艺、诸子、词赋、术数、方技、占卜等方面，都设立了博士。汉武帝跟上来，设了五经博士，五经就是《诗经》《书经》《礼记》《易经》《春秋》。《书经》就是这一本《尚书》。学养通一经的才叫博士，博士这个名称是指专家，并不是说一个博士什么都懂了，不要上当啊！

谈到现在的博士论文，在座的诸位，拿到硕士、博士的很多，你们这些硕士论文、博士论文都写过了，我就笑。我手里也考试通过了很多硕士博士，我明白告诉他们，今天硕士博士一定会给你们通过，可是你们不要忘记了哦，你以为拿到硕士、博士你们就有学问了，我说门儿都没有，还差得远呢！学问是一辈子的事，拿个学位是骗自己的。看你们很辛苦，花了两三年工夫，写一篇论文，很困难地通过了硕士博士论文答辩。可是你到教育部的资料室去看看，论文堆积如山，谁看你的！反正千古文章一大抄。

所以我教导博士生，你们不要读书了，好好去玩，拿个博士很容易，最多两个月就会了。有个秘诀告诉你，"小题大作，大题小作"。我说医学博士学鼻科的，写一篇论文，专门研究左鼻孔的，右鼻孔都不管。小小地研究一点，就可以拿到博士了，这就是大题小作。如果是小题要大作的话，研究一根牛毛，西洋哲学、东方哲学啊，由哲学讲到科学，最后讲来讲去不过是牛身上这一根毛。这样的东西学出来，然后，一般人迷糊了，这是博士啊、硕士啊！以为一定能够做事，结果他可能什么都不通。这个要注意！

我现在又讲回来，这一段闲话就说明，今天抽出的《大禹谟》"正德、利用、厚生、惟和"，实际上后世都不用"惟和"了，只有六个字：正德、利用、厚生，包含了中国文化的精髓。我抽的这些资料，如果《大禹谟》讲完，大概要两个月的时间。讲古代的怎么样，现代的怎么样，西方文化是怎么样过来，相对是怎么样作用，等等，现在时间来不及了，不跟大家多报告了。

现在晚上只有两个钟头，主持人本来希望我讲两天，不过我们两个讨价还价。我说你不要让我讲两天，我都快九十了，我也没有多少时间给你利用了，你少利用一点吧。他不好意思啦！哈哈，实际上是时间太短。

我们回过来讲一个什么问题呢？你们都学了管理学，学了管理学有什么用呢？我常常笑，有管理天才就会管理，真正了不起的管理者是天才，不是学来的。

其实最难管理的是自己，尤其是自己的思想与情绪。你们研究管理学，说怎么样做好一个实验，应该先研究自己，这就是中国文化。刚才我们在晚饭以前，也讲到西方人，尤其美国，现在要研究的是认知科学与生命科学。这个东西，他们现在刚开始，我们中国太多了。这些资料从中国传统的道，后来变成道家、老子、庄子乃至学神仙的，再变成儒家、孔孟之道，乃至后来的佛家，统统讲这个问题。

我本来要把这套书买来，以主持人的名义，花他的钱，替他做人情，送给大家。可惜他运气蛮好，我要替他花钱时，书没有了，买不到了。所以他该发财的，没有办法，要替他花钱都没有机会了。结果只好抽印了几篇给大家，就是《孟子》的《告子篇》《尽心篇》。你们不管是出家的、在家的，学佛教的、道教的，学儒家的，要做功夫修养，通通在《尽心篇》里头，这个大原则非常重要。

现在诸位手边拿到这十几页的稿子，如果叫我正式来上课呢，大概要一年。如果连着上课呢，也要一两个月，可以给大家讲完。因此我先做声明，感觉很抱歉。但是我想诸位拿到这些资料可能是不会看的，不过不要在厕所里当作草纸啊，太硬了，怕妨碍你们，伤害皮肤，保留着做个纪念吧！

由孔子到孟子首先提一个人性问题，所以中国哲学早就讨论人性问题了，讨论人的本性，生来究竟是善的还是恶的。外国文化也一样，希腊也好，埃及也好，印度也好，这个问题是基本哲学，也是科学问题，几千年来东西方对这个问题的讨论，到现在做不了结论，没有结论。勉强可以做结论的是释迦牟尼佛的学问，等于做了一个总结。这是科学，现在一下来不及讲了。

在中国，譬如说老子、庄子、孔子、孟子，大部分认为人性天生就是善良的。西方呢，你们所了解的天主教、基督教，讲上帝创造这个人，本来也是善良的，因为吃苹果吃错了，上了魔鬼的当，变成坏人了。这也都是承认人性本来是善良的。

这个问题从古代就开始讨论，可是与孟子同时代的告子呢？看你们手里的《告子篇》。告子认为，人的原始本性是不善也不恶，善恶是人自己把它改变，加上去的，是加工过的。

与告子观念相同的，还有个人，就是墨子，墨翟（音迪）。墨子认为人性天生不是善不是恶，认为人性像这个白布一样，是干净的，你把它染上善的就变成善了，你把它染上恶的就变成了恶。

与孟子同时的荀子，也是儒家的，刚才提到他。荀子认为人性天生就是恶的，天生就是坏的，人性的仁义道德是后来硬把它矫正过来的。这是个大问题，过去的哲学问题，实际上也是科学问题。这是大科学，就是现在要研究的所谓真正认知论，要认识清楚人性究竟是什么，本性是什么。

荀子说人性是恶的。譬如一对双胞胎生下来，你给他们喂奶的时候，先喂这个,另一个哭;先喂另一个,这个要哭,都要以我为主,先要给我吃,所以说人性是恶的。

跟他们的说法相反,讲人性本来是善良的,也有很多的理由。过去有哲学辩论,你们这几十年来,我晓得,这种教育没有了。现在所谓大学里哲学系的哲学家,没有讨论这些,至少很少了,他们只讲逻辑,把逻辑当成哲学了,这是错误的。逻辑是思考的一种方法,是思维的一种法则,并不是最高的。用思维的法则,用逻辑来推理,了解那个东西,那才是哲学的问题。

现在我们因为时间短,先了解人性是个什么东西。中国文化讲人性除"性"以外,特别提一个"情"字,合起来称"性情"。譬如人性,生而知之的,就是知性。一个婴儿也好,一个什么人也好,生来就知道的是"性"。婴儿没有思想,他饿了知道要吃;冷了不舒服,就会哭;高兴时,不会讲话,只是微笑。这就是"性"的问题。

"情"是什么东西呢?我们中国传统文化讲"七情六欲"。"情"分成七个方面:喜、怒、哀、惧、爱、恶(讨厌)、欲(欲望),这叫七情。后来我们读书的时候,有个成语叫作"七情六欲"。这六个欲望,是魏晋以后,佛学进入中国后加上的。欲望有六个,就叫"色、声、香、味、触、法",可以说东汉以前,只讲七情。

性情这个情字很有意思了。一般的宗教,除了牧师不管外(因为牧师可以讨老婆、有孩子),天主教的神父、修女,佛教的和尚、尼姑等,这些宗教,有一个重点,多数主张离开情跟欲,离情弃欲,都是禁欲的,尤其是男女的关系,是禁止的;情也要禁止。

但是,这个情怎么样禁止?很难。所以我常常引用清朝一个诗人的两句诗,非常有意思:"无情何必生斯世。"无情何必生在这个世界上!换句话说,这个世界上生命就是有情;"有好终须累此身","有好",一个人平生有嗜好,一定拖累自己。假使有个人说,我什么嗜好都没有,我就是喜欢研究学问,喜好读书。对不起,这个也是嗜好,只要有一点嗜好的话，就拖累自己了。所以这个"情"是什么东西，"性"是什么东西，就值得研究了。

由于时间的限制，现在只能扼要给大家介绍一下。

"性"是人性，譬如一句俗话，"一娘生九子，九子各不同"，一个母亲如果生九个孩子，兄弟姐妹每人个性不同。你说完全是遗传吗？完全是基因变来的吗？这个里头讲唯物的话，那个基因就有几种分类喽。现在你问一个研究基因的医生，基因有几种分类？我想他一下答不出来。

生命不一定只是基因，后面还有东西，目前讲基因，只晓得把身体里头的细胞抽出一个，可以复制一个人。那么，是什么东西变成细胞的，它的功能是什么？还不知道。这个暂且搁下，我们也不讨论了。

但是一对父母所生的儿女，每个人个性不同，这不完全是遗传的问题，也不完全是环境教养的问题。个性不同，这个叫"性"。情绪的不同，就是我们讲的脾气不同，这就是所谓的"情"了。兄弟姐妹个人爱好不同是"性"，脾气不同是"情"。

这个"情"字，连带了生理问题，生理不健康，影响了喜怒哀乐。譬如，容易发脾气，或容易内向，或容易冲动，这个是"情"，不是"性"。所以，真讲修养的，把性情先要分清楚，认识清楚。

主持人提出来这次的讨论，我本来想买这个书，买不到，只好印了这点资料，这个里头的好东西很多，可惜时间来不及，没有办法跟大家多讨论。我们小时候读书，孟子的这些书，十二岁以前是要背的，统统背喔！不过我虽背了很多，也忘了一些。可是，虽然忘了，真的思考到那里，又记起来了。这是背书的好处，你们现在靠计算机、靠笔记是做不到的。我们以前都开心地背，唱歌一样朗诵。所以叫作"读"书，读是开口读。现在你们是看书，跟读书差得远了，眼睛看进去，而没有朗诵，到你用的时候出不来。如果是开口背来的，到用的时候呢，脑子不用想，嘴里就出来了，念出来了。

我原来想告诉诸位的很多很多，现在统统来不及。你们跟主持人都是好朋友，这次是他把我硬拖过来的，我受他玩耍而已！哈。你不要看他陈老板一边拿念佛珠，一边打坐，他的功夫还没有入门呢！不但他的功夫没有入门，很多人讲了半天，学了几十年，都还没有入门。

那么，我跟你们谈谈，心性修养的入门功夫；我先提孟子的"可欲之谓善，有诸己之谓信"这一段。

浩生不害（孟子的学生）——古代的名字四个字、五个字都有的，那个时候姓氏还没有统一——问曰："乐正子，何人也？"他问乐正子是哪一种人。

孟子说："善人也，信人也。"这个人学问修养很高的，他是个好人，是个善人，是个信人。不过他讲的善与信，不是我们通常以为的概念，而是相当于佛教讲菩萨有几个层次的，又譬如讲罗汉也分四等，初果罗汉、二果罗汉、三果罗汉、四果罗汉。菩萨分十种，由初地、二地菩萨一直到十地菩萨，是有学问修养的阶序的。

孟子这里讲，修养做功夫的道理，分好几层。他答复浩生不害说，乐正子这个人，是个善人、信人，层次在这两步功夫之间。

浩生不害又问了："何谓善？何谓信？"古代的文句就简化了，因为那个时候没有纸张，文字记录靠刀刻的，太麻烦了。他说："老师啊，你怎么给他下的一个定论，是善与信之间吗？什么样叫作善？什么样叫作信？"

孟子就讲了："可欲之谓善，有诸己之谓信，充实之谓美，充实而有光辉之谓大，大而化之之谓圣，圣而不可知之之谓神。"这段话大家记一下。

"可欲之谓善"，第一阶段；"有诸己之谓信"，第二个阶段；"充实之谓美"，第三个阶段了；"充实而有光辉之谓大"，第四个阶段；"大而化之之谓圣"，第五个阶段；"圣而不可知之之谓神"，第六个阶段。

"乐正子，二之中，四之下也。"孟子接着跟学生讲："你刚才问的乐正子这个人，'二之中'，在善与信之间，只到这个程度，'四之下'，还没有达到。"

孟子这一篇讲尽心，讲修养，你们要做老板、领袖，搞管理学，先管理好自己吧！自己性情管理好，智慧管理好，理性管理好，然后再管理别人，再谈事业。

所以，什么叫政治？中国人讲的政治，意思是"正己而后正人"。自己都不行，还能领导别人吗？人家让你领导，是为了利害关系，为了待遇，为了钞票，并不是服你；你要使他服气就不是这么简单了。所以说"正己而后正人"，要"作之君，作之亲，作之师"就难了。

什么叫"可欲之谓善"？因为我跟主持人是老朋友了，只好拿他来开玩笑，拿他来做这个榜样。他天天喜欢打个坐，拿个念佛珠，都是跟着我玩这一套。当然一边念佛，一边骂人家笨蛋啊，这两个没有关系的，至少他觉得对这个念佛的事情，非常喜欢了。

我晓得，他过去能吃能喝，现在什么也不想吃，不是肠胃不好。什么也不想喝，也不想管，最好有机会来写字啊，读书啊，打坐啊。可以说走上这一条路，"可欲之谓善"，他有欲望了，有了这个爱好，别的"坏事"不做了，只向这个路上走。

但是呢，他这个修养，没有改变他的身心。我常常说："你啊，你最近好像有一点疲劳，你还要多注意啊！"我这是客气话。背地里同学跟我讲："老师你怎么讲他疲劳？"我说两个月没有见面，看到他蛮可怜的，够劳累，老了一点。当然，我自己也已经很老了。他功夫还没有到身上来，还没有"有诸己"。所以修道家的，修佛家的，做功夫有一句话，叫作"功夫还没有上身"，儒家叫作气质的变化还太慢。这个气质是科学哦！这个气质的变化就是生命的每一个细胞、每一个筋骨的变化。所以修养到了的，孟子讲"善养吾浩然之气，而充塞于天地之间"，那是真的哦！那不是普通练气功哦！

二三十年前，大陆上大家都练气功，我在外面听到了，怎么搞的，中国文化怎么变成气功了！我说就算讲偏的话，中国文化也是先有武功，先做运动练武功。武功是什么？武功的原则，"外练筋骨皮，内练一口气"，这个是练武功，这些我们当年都玩过的。刚才刘先生跟我一起走路，问我："怎么走得那么快？"我说："你有武功的人，还跟不上老头子，好丢人呢！可见你不行吧！"哈哈！就是这个道理。

　　武功练了以后，才进一步练气功，这是中国文化。气功进一步是练内功，又不同了；内功进一步练道功；道功进一步练禅功。我在外面一听，哎哟，中国人怎么一天到晚练气功……哇！连外国人也跟着乱来，外国人很容易受骗的，我们在外面摆个架势这么一比画，哎哟！这是中国人，有功夫的。实际上我们风都吹得倒，有什么功夫？大家乱受骗。

　　这些功夫一步一步到了，气质变化了，叫"有诸己"，这个"己"是自己，到身上来，功夫上身了。譬如我们讲，打坐不算什么，打坐是生活的一个姿势，没有什么了不起。你不要看和尚道士闭眼打坐，那是吃饱了饭没有事。我说人生最好是打坐，这个事情呢，两条腿是自己的，眼睛休息了，坐在那里不花本钱，人家还来拜你，说你有道，你看这个生意多好嘛！一毛钱不花，冒充大师。可是真的功夫就难了，要上身才行，身心才有变化，所以说"有诸己之谓信"。

　　然后，第三步是"充实之谓美"。怎么叫充实？这个里头学问大了。以道家来讲，就是"还精补脑，长生不老"了。像我们这里有些同学，男的女的好几个，都是经常练印度的瑜伽，身体都变化了，也变年轻了，有病的变没病了。练内功这一套，身体也会转变。转变到最后，这个身体变充实了，这种充实才叫作"美"，是真正的内在之美，不是外形的。

　　然后呢，"充实而有光辉之谓大"，这就很神妙了。有些学佛修道的，做起功夫来，修养到了，内在外在放出光明来。《庄子》就有句话很难懂了，"虚室生白，吉祥止止"，《千字文》也引用这句话，叫作"虚堂习听"。你坐在一个空的房间里，电灯都关了，黑暗的，修养到高明处，一下亮了，内外光明什么都看见了，就是"虚室生白，吉祥止止"。修养的功夫到了这一步，大吉大利。并不是到家哦！是很吉祥了。"止止"，真正的宁定，真正得到一种宁定的修养，这就是孟子在这里讲的"充实而有光辉之谓大"。

现在，大家学习认知科学、生命科学，还有信息科学。最好的信息是什么？有神通！也不用计算机，自己坐在那里"虚室生白"，什么都知道，能知过去未来。那多好啊！何必买计算机呢？一毛钱也不用花。可是你做得到吗？做不到，所以"充实而有光辉之谓大"，做不到。

"大而化之之谓圣"，唉，这就很难讲了，现在我也讲不出来。也许我讲得出来，但是没有时间讲。"大而化之之谓圣"，是圣人境界，这就到了非常伟大的境界了，可以神通变化了。佛家讲罗汉、菩萨，儒家叫圣贤，道家叫神仙；总而言之，统统叫作"圣"。圣到什么程度呢？"圣而不可知之之谓神"，是成仙成佛。

顺便再给你们介绍什么叫仙佛。道家神仙分五种，有鬼仙、地仙、人仙、天仙、大罗金仙。讲到鬼，就讲到生命问题了。鬼仙是最下等的仙，一个人一辈子学佛学得迷糊，有些精神病似的，死了就做鬼仙。灵魂没有解脱，得不到真的自由自在，就变鬼仙了。

再来是地仙，第二种，比较长寿，身体非常健康，到地仙境界是有几个条件的，你不要自己冒充。第一，"身轻如叶"，身体轻得像一片树叶一样，没有这里酸，那里痛，这里有障碍，那里生病，都没有。第二，"夜睡无梦"，没有睡不着，也可以不睡，睡着了也不做梦。第三，"行疾奔马"，走路之快，可以跟马并行，马跑起来可以追上。到了这个程度，可能活一百岁两百岁，这个样子叫作地仙。

然后是第三种，人仙，人中之仙，健康长寿，道德、智慧达到一个标准程度，就是孟子讲的"充实而有光辉之谓大，大而化之之谓圣"，人中之仙。

然后再进一步，第四种叫作天仙。第五步是大罗金仙，就是同佛一样，成佛了，这就解释了"圣而不可知之之谓神"。

孟子在《尽心篇》里讲的这几段，是专讲修养的。

这个关于乐正子的问题，是孟子学生提出来的，孟子讲到这里，再做个结论答复他。孟子说，你刚才问我乐正子这个人，第一步，"可欲之谓善"，喜欢再研究、再学。"有诸己之谓信"，在这两步之间，还没有再进一步，其他的还谈不上。不晓得主持人到了第几步啊？还要我们明天碰到孟子的时候，问他一下。

第四讲

南怀瑾：诸位，因为时间的关系，我乱七八糟地东拉西扯。想要告诉大家的太多了，一时还来不及。我小的时候，读这个书是十岁，那都要背的。怎么读法？等一下我请一位老同学示范。

老师告诉我，孩子，要想写好文章，必须把《孟子》《庄子》这两本书读好，要朗声念诵，写的文章就漂亮了。我那位老师是清末的一个举人，后来我有个老师是清末的一个探花，我写了一篇文章给他看。我说，老师啊，我的文章如果再早个几十年，我考不考得取进士啊？他看了，一边拿红笔出来写，一边不好意思地讲："凭你这个文章，进士没有问题。"我心里头一点都看不起，我说，原来进士那么简单啊！

再说一个故事，朱元璋做了皇帝以后的故事。孔子是圣人，孟子叫亚圣，就是副圣人。朱元璋很不服气，因为他不读书的；可是他做了皇帝以后，很会读书，更喜欢作对子。

唐诗宋词是中国文化两大高峰，到了明清写对子盛行。过年过节大家门口贴副对子，也是朱元璋提倡的。他喜欢微服私访，做了皇帝以后，偷偷穿了老百姓的衣服，出去看人家过年有没有贴门对。结果看了半天，有一家没有贴。他就过去了，问："你们怎么没有贴门对啊？"这家人不晓得他是皇帝，回答说："我们家里又没有读书人，又不会写字，贴什么门对啊？""你们家里干什么的？""阉猪的。"

朱元璋说："好！我送你一副门对。""双手劈开生死路，一刀割断是非根。"那是把公猪的两个睾丸拿掉了,就不会生育了嘛!这是朱元璋的故事。

还有一家,挑担子理发的,很穷啊,现在内地还看得到。我们小的时候理发,都是挑担来的,烧一桶水,坐在街上理发。他要贴一副对子,他说自己又不会作。朱元璋就给他写"毫末生意,顶上功夫"。你看他讲得好吧!毫末上一点生意,头顶上的功夫嘛。这是顺便讲一下朱元璋的趣事。

朱元璋做了皇帝以后,非常反对孟子,他认为除了孔子以外,孟子哪里够得上圣人啊!他便下命令把孔庙里头孟子的牌位拿掉。所以,朱元璋做皇帝时,有好几年圣庙里头没有孟子。

皇帝这个位子坐久了,他喜欢读书了。有一天晚上,再拿《孟子》读,读到这一段:"故天将降大任于斯人也,必先苦其心志,劳其筋骨,饿其体肤,空乏其身,行拂乱其所为,所以动心忍性,增益其所不能。"他一拍桌子:"嘿!孟子真是圣人,我对不起他,赶快,恢复!"把孟子又变成圣人了。因为《孟子》这一段,好像讲到他一辈子的痛苦经历。

像我这样念出来没有意思,我也不照我们那个地方朗诵的口音,我还是请张教授念给你们听。他小时读过、背过这些书,会朗诵的。

张尚德:我很羡慕各位,怎么说呢,你们都是做大生意的、做大官的。老师离开台湾的时候,告诉我两句话,要我千万不要做官;再一个,不要搞钱,他觉得我性格"孤、寒、贫、陋",所以要我读书,读"唯识"。老师离开台湾以后,我就在那个山里面读了十多年的"唯识"。现在我一身的病,也念不出来,但是老师命令我念,我不得不念,我很怕老师,李董事长他们都知道,还有这个老和尚也知道。我是湖南湘潭人,对不起,念得不好,请各位原谅!我现在开始。

南怀瑾:我就请张教授念,我们小时候读书都是这样朗诵的,所以,就叫读书。唉,对不起啊,我再补充一下。古人有副对子:"风声雨声读书声,声声入耳;家事国事天下事,事事关心。"以前读书是这样朗诵的,现在请张教授朗诵吧。

张尚德: 孟子曰:舜发于畎亩之中,傅说举于版筑之间,胶鬲举于鱼盐之中,管夷吾举于士,孙叔敖举于海,百里奚举于市。故天将降大任于斯人也,必先苦其心志,劳其筋骨,饿其体肤,空乏其身,行拂乱其所为,所以动心忍性,增益其所不能。人恒过,然后能改。困于心,衡于虑,而后作。征于色,发于声,而后喻。入则无法家拂士,出则无敌国外患者,国恒亡。然后知生于忧患,而死于安乐也。

南怀瑾: 我请张教授这样念书,免得我念,让我省点力气。我念得没有他好听,有些同学喜欢他那个念法,也许他越老越返老还童,越有趣。他刚才读到这几句,已经读不下去;我知道他心里的感想。

我们就解释一下朱元璋读到的这一段,大家要注意,"天将降大任于斯人也",上天生你要成就你的话,"必先苦其心志",要磨炼你。

世界上的人喜欢到教堂、到寺庙求上帝、菩萨保佑。中国文化不谈这一套,儒家叫自助天助。自己先求福报,做好人做好事,上天才保佑你。不是求菩萨他就会保佑你,自助天助,所以叫自求多福。

孟子说,一个人如果上天降大任给他的话,"必先苦其心志"。注意这句话,"苦其心志"很痛苦,自己年轻时所有的想法,都做不到,这些我们都遭遇到很多。所以刚才张教授念到这些地方,他也很有感慨,念不下去了,他年轻时也有很多"苦其心志"的经历。他还很小的时候,参加部队打游击,后来又到台湾念书,自己都没有钱吃饭,又要自立起来。白天在大学里上课,中午没有饭吃,跑到田里,挖人家的红薯来吃,就是那么惨。

我现在还经常说他(张教授)的一个笑话,他来见我的时候,很傲气凌人,一副目中无人的样子,脚穿一双皮鞋很烂。我以为他故意表示有学问,看不起人。我说:"尚德,你这双皮鞋该换一换了。"他说:"老师你不知道,我这个皮鞋呀,是名牌哩!"我说:"什么牌子啊?""四知牌。"我说:"四知?哪里有个四知牌皮鞋?"他说:"天不知地知,你不知我知。"哦！原来皮鞋穿得没有底了，苦到这个程度。当然，这是苦的一种，他吃的其他的苦还有很多。

孟子说，上天磨炼一个人，"苦其心志"这一句话，不要随便读过去。不过你们从一开始到创业，也都是"苦其心志，劳其筋骨"，下乡去啊，打工啊，什么劳苦的事都做过。"饿其体肤"，没有饭吃。

朱元璋就是家里穷得没有饭吃，只好去当兵，后来当了皇帝。还有段历史的记载，不是正史上写的。他和马大脚皇后，两个人在宫廷里讲笑话，一高兴，他就拍太太的大腿："哎呀，想不到当年我们两个没有饭吃，出来当兵讨饭，哪里晓得做了皇帝！"

马皇后这个人是千古以来最好的皇后，很有修养的。朱元璋一拍大腿就出去了，旁边有两个太监。马皇后就说："皇上马上要回来了，你们赶快，一个装哑巴，一个装聋子，不然你们就没有命了。"两个太监一听皇后这样吩咐，就懂了。

过了一会儿朱元璋回来了，很生气，他想起刚才跟老婆讲的话，还随便拍一下大腿，都给两个太监听见看见了，没有威仪，没有威风了。回来就瞪起眼睛要杀人。问两个太监："我刚才跟皇后讲的话你们听到了吗？"两个太监都不说话。马皇后讲了："皇上你去吧，去吧，没有事，这个是哑巴，这个是聋子，跟在旁边一辈子听不到的，你管他们干什么，赶快办公去吧！"这样两条命就救下来了。

刚才这个故事，就是讲到"饿其体肤"。"饿其体肤，空乏其身"，这八个字怎么讲？没有饭吃，身体饿得没有精神，没有力气，受这种苦。

最严重的是"行拂乱其所为"，你的理想达不到，任何事情都做不到，会倒霉到这种程度。为什么上天会那么折磨你，你的命运为什么那么苦呢？这就是上天成全你，教育你。教育你什么？"所以动心忍性，增益其所不能"，你心里所想的达不到目的，任何事都不成功，在这个时候"动心忍性"，能够忍得下来，平静得下来，这就是修养的真功夫了。因此"增益其所不能"，由忍性的修养开始，然后又在那些痛苦磨炼当中才懂,才能做一件大事业,成就大事。

下面,孟子在这篇里提到,"人之有德慧术知者,恒存乎疢疾"。一个人学问的成功也好,事业的成功也好,做生意成功也好,必须要带一点病态,必须带一点不如意,总有一些缺陷,才能够促使他努力。所以,朱元璋读到这里,就拍桌子了:"哈!真是圣人!"他一辈子的遭遇就是这样。

然后,这一段,"人恒过,然后能改"。不只是讲做人哦,一个公司也好,一个社会也好,一个国家也好,一份事业也好,不经过挫折,你的成功不算成功。孟子的这个结论,"人恒过,然后能改"七个字,人经常犯错,犯了过错肯反省检讨自己,然后能改。没有给你痛苦的打击,你不会反省,不会改过的。

所以,人不怕犯错误,人丈夫犯了错误挺身而出,改过来,然后能够"困于心,衡于虑,而后作"。"困于心",心里感受痛苦压迫;"衡于虑",然后才晓得冷静衡量,考虑;"而后作",再起来,能够做出伟大的事业,做一个人。

"征于色,发于声,而后喻",一个人事业的成功,不是那么简单的,观察了外面这个环境,看看各种情形、景象。就个人而言,自己虽受了打击,还要修养很好,没有倒霉脸色。我常常跟同学讲,一个老前辈曾告诉我,他说,"有力长头发,无力长指甲"。年轻人生命力旺盛,头发容易长;营养不够的时候,指甲容易长。所以那个老前辈告诉我,倒霉的时候,少睡觉、勤理发、勤剪指甲。如果在倒霉的时候,没有事做,老睡觉,头发指甲弄得长长的,就更倒霉了。也就是"征于色,发于声"。然后啊,"喻",懂得了。看了别人的现象,看了外界的环境,反省自己,就懂得了。

因此,一个国家、一个团体、一个公司也好,一个家庭也好,"入则无法家拂士,出则无敌国外患者,国恒亡"。一个国家,如果无"法家",法律不上轨道,法治不上轨道。无"拂士",是没有人讲难听、批评的话；讲话批评或纠正领导人的，叫作"拂士"。一个领导人，没有人给你讲不同的意见的话，就危险了。

一个国家、一个社会、一个家庭，没有"法家"是不行的。"法家"有两种，除了懂得司法的以外，另外一个法家是什么？像诸葛亮，是刘备的法家，给他出主意的，有方法的，所以也叫"法家"。我们有会写字的人，譬如写给朋友，某某法家正之，就是这两个字。意思是，你的字比我写得好，请你纠正我。这个法家，不是司法的"法"了，指善于用智慧的内行人。

一个国家、一个人，"入则无法家拂士，出则无敌国外患者"，出来没有人挡在前面，那是危险的。换句话说，如果你的公司生意做得很好，非常骄傲、得意，年年赚钱，事事如意，没有受过打击，那你就开始有问题了。

然后，讲两个原则，个人也好，社会也好，团体也好，国家也好，是"生于忧患，而死于安乐"啊！所以，叫你有忧患意识，一个人要活着，想创业成功，在痛苦中会成长，得意了就死亡了。"生于忧患，而死于安乐也"，这是孟子的话。

这一段，我们补充上个钟头讲到的身心修养、做功夫。刚才去休息的时候，一位同学提出来，她说有一段很重要，希望说明一下，就是这一句。

孟子的书，传统上叫"圣经"。你看外国人，每个观光旅馆，或五星级的饭店，你打开抽屉，都有很好的一部《圣经》放在那里，给你看的。我说中国人早应该提倡，每个旅馆放白话的四书五经，给客人看看。可是中国人，很可怜的，许多人现在不读书了。

再说刚才那一段，补充说一下。孟子曰："人之有德慧术知者，恒存乎疢疾。独孤臣孽子，其操心也危，其虑患也深，故达。"这个就补充刚才所讲的"天将降大任于斯人"。孟子说，任何一个人都有四个方面：道德、智慧、术、知。要有道德的成就、智慧的开发；至于术，就是方法、技术、技能，科学的知识，等等，譬如现在大家喜欢讲管理学，还喜欢玩计算机，这些都是"术"；"知"是哲学方面，最高的智慧。

一个人在这四方面，任何一方面有成就，"恒存乎疢疾"，他说，这个人啊要在生命上有点缺陷的，比如喜欢读书的人，体力不够。我们常常说，在学校里很多学生，一看，有些人，"哎！你不要读书了，你给我加入运动队吧"！身体很好的，做运动员去，他一定不喜欢读书，那么培养他向运动这一面走。如果这个人内向，很宁静的，可以读书做学问，所以一定要有一点心病才可以。禅宗的祖师百丈禅师也讲，修道的人要带一点病的，身体太健康了，他就不晓得向好的方面走。所以孟子也讲到，"人之有德慧术知者，恒存乎疢疾"，有一种缺陷，心病。

所以他说，世界上的人，"孤臣孽子"，刚才我讲，张教授念到那段话心里有点不舒服，因为他也是孤臣孽子之一。所以，自己出来，刚好碰到社会国家的变动，一切的环境都变了。譬如我们碰到抗战的时候，当时我们中国已经有一半给日本人占领了，家也不能回，一拖拖八年。万一真的给日本人亡掉了，我们怎么办？老实讲，我们最后的决定是，绝不做亡国奴！做什么呢？做一个孤臣孽子。走了！准备怎么走？从重庆到四川、到西藏，从西藏逃到印度，从印度出来走流亡抗战的路线，这样就变成了孤臣孽子。

孟子说，一个孤臣孽子，"其操心也危"，随时随地，生活艰难，环境不对，操心危险的事。"其虑患也深"，他思考问题就深了，"故达"，所以能够通达一切学问。

我们现在要讲的比较多，可是时间不多了，我想先停到这里，我还是希望大家……

（张尚德教授提出，请南怀瑾先生讲"养心莫善于寡欲……"一段）

孟子曰："养心莫善于寡欲。其为人也寡欲，虽有不存焉者，寡矣。其为人也多欲，虽有存焉者，寡矣。"

这个寡欲的问题，是个严重的问题。刚才我们白天的时候提到，一切宗教总是禁欲的，我们提到"性"跟"情"两个问题。我常常跟年轻同学讲爱情哲学，我先说个笑话吧。

我在大学里头也同张教授一样，有时候讲哲学的课程。有一次，在辅仁大学讲课，一位女同学送上一个条子，提了一个问题："老师，你不要讲人生哲学，讲爱情哲学吧。"我把这个条子一看，就放在旁边。我说，下课再讲。后来下课，我又忘记了。第二堂课上，这位女同学很厉害，又再提出来。

我说："有位同学要我讲爱情问题，到现在我不晓得什么叫爱情。据我了解，爱情呀，就是人最高的自私境界。任何的爱情都是'我'爱你，因为有'我'，'我'不爱你就不爱你，所有都是为了'我'，不是为了爱。"

当年在大学里，我跟年轻的人讲，我说你们懂得爱吗？我看没有什么爱。男女关系，不管你偷情也好，乱爱也好，怎么也好，我常常发现做了一辈子夫妻的人，生了儿女一大堆，可是他们没有爱情。

即使懂了爱，也没有情。那么，所有人是在干什么？只是一个"欲"，男女的"欲"，什么叫"欲"？一点荷尔蒙在作怪！内分泌的问题，等到内分泌没有了，就什么都没有了。

譬如说，有一个成语，一对男女，感情不好了，叫"同床异梦"。我说，乱扯！这是很好的哲学的话嘛，不管爱情好不好，哪有两个人睡一张床做同样的梦啊？不可能的嘛！同床一定异梦！同床做一个梦，那是两个神经病刚好在一起了。"同床同梦"，没有这个事的！

由此讲到这个寡欲。我常常告诉年轻人，情、爱、欲是三个层次。一般人青年时都是欲，都是一点荷尔蒙，拿儒家的观点来说，都是"气之炽盛"，身体情绪的变化，荷尔蒙的变化，内分泌的变化，完全是"欲"。所谓"我爱你""不爱你"，那是听肉体上荷尔蒙的指挥，这个完全属于欲。欲是彼此的发泄，没有多少人真正懂得爱。

爱，就真不容易了，爱跟欲不一样时，那才是真爱。当然，你们喜欢养小狗的，哎哟，几万块钱买一条小狗，抱着又亲又吻，那个说不定还有一点点爱。那么，这个爱很自私的噢！格老子愿意喜欢这条狗，我不喜欢还是把它扔了，还是为"我"，这个算是爱！

情，这个就难了，那就更高了。情是已经离开了欲，离开了爱，才谈情。

孔子讲，人生三个步骤，少年人"戒之在色"，是指男女关系。有贼心，有贼胆，那个贼又不听话，只好去乱搞了。所以，少年戒之在色。

中年是"戒之在斗"，斗争。像你们诸位大老板一样，赚了一千万还要三千万，赚了三千万还要一亿，一路斗争上去，爬上去。彼此还要斗争，所以中年是戒之在斗。

晚年呢，最可怕了，"戒之在得"，到老了抓得最紧。越老越抓得紧，该放手，但不肯放啊！

我刚才讲欲是少年的事，以现在你们的讲法是微观的欲，不是宏观的，宏观的欲就大了。譬如诸位老板，赚了一百亿还想一千亿。有个朋友就想赚一千亿，如果他赚了一千亿，还会想两千亿，欲是越来越大。所以，《礼记·曲礼》上有几句话："敖不可长，欲不可从，志不可满，乐不可极。"

人家问我，本来我们的科学很发达，为什么到了魏晋时代，科学停止，不发展了呢？我说，那个时候他们的思想是对的。中国道家的思想，认为物质文明越发达，人类的欲望越高，就越不可收拾了。物质文明发展到越高，人类的欲望跟着越提高，越乱，所以魏晋避开这个。

以现在人的观点来说，认为这是古人的错。古人没有错啊！现在正在讨论这个问题。我常常说，科学的发展，物质文明的发展，给人类带来了很多的方便，但是没有给人类带来幸福，反而带来更多的痛苦！

所以刚才张教授提出来，"养心莫善于寡欲"，天主教、佛教等宗教是禁欲的。儒家同伊斯兰教是主张寡欲的，尽量减少，省吃俭用一点，叫作寡欲。完全禁欲做不到，普通人只能来个寡欲。

孟子说的寡欲，就是广义的，宏观的寡欲，是少欲，清净一点，少一点，把欲望节省一点用，那就对了，那这个人已经有相当高的修养与道德了。

孟子说，能够做到寡欲的人，"虽有不存焉者"，虽然还没有达到很高的程度，达到那个"大而化之"的包容境界，但是已经很好了。下面这个"寡矣"呢，就是他的欲望已经很少了。

"其为人也多欲，虽有存焉者，寡矣。"一个多欲的人，想达到道德的境界，他说也不可能，也很少。这里有个历史的证明：秦始皇做了皇帝以后，想修道，想长生不老做神仙。你们最近看了《汉武大帝》，汉武帝做了皇帝以后，也想求神仙。这个皇帝求神仙，也等于主持人一样，一边拿念佛珠做事业，一边可以骂人。汉武帝没有错，但是难做到。

汉武帝旁边有两个大臣：最怕的一个是汲黯，这个人讲话大舌头；最喜欢的一个是东方朔，他滑稽，给武帝讲笑话。武帝经常发脾气，有时下面的人犯了错误，东方朔给他讲两句笑话，他就算了。汲黯可不同了，万事跟武帝当面讲，所以他批评汉武帝说："陛下内多欲而外施仁义。"意思是说，你呀，内心什么都要，又想权力，又做皇帝，又要女人，什么都要，又要扩充境地，又要独霸天下，外面又要广施仁义，"奈何欲效唐虞之治乎"！想效法尧舜之治，做得到吗？不可能的。他说："你是矛盾的。"

别人对汉武帝讲这种话，当面批评，汉武帝不杀他的头才怪！汲黯讲了他，他虽然气，当面却一声不响。可是《汉武大帝》剧中这个事实没有演出来。汉武帝对任何臣子，你看卫青啊，霍去病啊，这些打天下的大功臣来见他的时候，汉武帝有时候正在厕所里，就叫他们进来报告，自己还坐在马桶上，多不礼貌啊！唯有一个人，当太监讲："汲黯来看你了。"武帝即刻说："等一等！叫他不要进来！"马上穿上礼服，帽子戴好再见他。

当然，后来汲黯有一件事情犯错了，汉武帝一度还是把他雪藏起来，下放了。可是到汲黯晚年的时候，江西出了问题，汉武帝还是找他。汲黯来了说："皇上，我现在也老了，又病了，你不要再找我办事。"

汉武帝说："我非找你不可，因为江西出问题了。"

汲黯说："哎呀，你不要找我，我老了，我跟你两个意见又相反，你找我干什么？"

汉武帝说："拜托你，你尽管老了，我弄张床给你，你躺在床上去看江西，好不好？"

汉武帝说："不要叫你起来办公了，只要有你的声望在江西，就行了。"汲黯没办法，最后到了江西，临了死在江西了，叫"卧而治之"，汉武帝看重他到这个程度。

我们听过一句话："期期以为不可。"认为是汲黯讲的话。后来我们写文章，都照写，不懂是什么意思。

汉武帝听人挑拨，跟太子闹翻了，废了太子，把儿子逼死了嘛！这一段是汉武帝最伤心的事。汉武帝要换太子，大家都不敢讲话，只有叫汲黯来，因为汉武帝想听听汲黯的意见。汲黯一来，汉武帝说，我要把太子废掉！哗！他急得一头大汗，就跪下来："臣期、期、期……以为不可！"他大舌头，一急起来，说不出话来，"期、期、期、期……不可"，就是这么一个故事。所以，"期期"在这里被当作拟声字来用，描写当时的声音，汲黯是大舌头，急得连话都说不出来，急得脸都红了。所以叫你们去"读"古书，不读搞不明白。

汲黯固然与武帝有这一段对话，其实高祖要废太子时，周昌极力劝阻，他才是"期期以为不可"的第一人。

刚才所提到"法家拂士"，这一段也是补充法家拂士的道理，也就是讲寡欲这个问题。

所以谈修养，要寡欲已经很难了，要完全做到，就是四个字：离情弃欲，这是佛家道家到了佛与神仙的境界了；但不是硬性的断绝。

什么叫离情弃欲呢？就是孟子刚才所讲的"大而化之之谓圣，圣而不可知之之谓神",这就叫作"离情弃欲"了。

因为有同学在前面用灯光已经催我好几次了,到时间了,我只好听命,他们在那里"期期以为不可"啊!好了,对不起诸位啊,没有留时间给你们讨论,时间太短了,下一次有机会我们再谈吧。

主持人:各位同学,各位朋友,我们今天虽然只有短短的四个小时课程,但我们南怀瑾老师呢,给我们非常生动、提纲挈领地讲了关于中国文化的一课。南老师在博大精深的中国文化当中,提炼了这么几个方向的内容。一个是对中国文化下了一个定义,我觉得这是一个使我们耳目一新的理解。同时呢,就如何学习中国文化,真正学习的目的,给我们做了教导,用两句话总结:古之学者为己,今之学者为人;现在是今之学者为钱。我觉得南老师这种真正的学问造诣,给我们带来了一个人生的反思。同时,就如何读书这方面,使我们大家今天有一个粗略的、新的理解。

另外,就我们为商之人,我们工商界的人,如何做事业,使我们对于事业有了崭新的理解,对于我们工商界人士,今后如何开拓自己的事业带来了反思。同时,就当今工商业发展的一些大的问题,也给我们做出了一个重要提示。

再者,就如何当好一个领导——在座的无论我们工商界的,还是各级组织的管理者,都是一个领导——南老师告诉我们,应为人之君,为人之亲,为人之师。这个呢,我经常对"海航"的管理干部称之为"三位一德"。尽管老师说这是古代用来要求帝王的,但是我觉得作为管理者,这个政治道德也应该有,也就是作为管理者应该具备的管理道德。

老师给大家发了《大禹谟》《孟子》这十几页文章,是精选出来的。我觉得,对于如何学习中国文化,给了我们一个提纲挈领的启示。

四个小时中,我受益匪浅,在座的朋友们呢,我想都有不同的收获。现在大家,再以热烈的掌声,向我们南怀瑾老师在即将九十之高龄,还给我们作这样的报告和讲话,表示感谢!

我觉得,南老师给我们讲的,如同博士后的导师给小学刚识字的人讲一样,确实很辛苦,我真正能理解南老师的心境。所以,我们再一次以热烈的掌声表示我们诚挚的感谢,感谢南老师今天下午和晚上的辛苦!

南怀瑾:谢谢!谢谢!

第四章 中国传统文化与经济管理*

第一讲

孙健（教授、主持人）：今天我们非常荣幸，请到南怀瑾先生，为我们《中国传统文化与经济管理》讲座讲演，作为我们博士班的课。今天还有很多从各地来的，甚至海外来的朋友在座。首先，请我们朱校长致辞。

朱清时（校长）：尊敬的南老师，各位同学，各位来宾，今天我们中国科技大学国际经济研究所，在这里举办一次讲座，我们中国科技大学和在座的各位同学都非常荣幸，邀请到了南怀瑾先生，来为我们博士班讲课。

南怀瑾老师，是目前对中国传统文化研究最精深、知识最渊博的人之一。他是我的老师，我觉得，我们能够邀请到他，实在是我们学校的光荣，也是我们在座同学的荣幸。今天，因为南怀瑾老师要讲课，我从合肥到无锡开完会，特地赶到上海来参加这个课。我想在这个讲座开始之前，首先代表我们学校，也代表在座的各位同学，一起向南老师，表示衷心的感谢！谢谢！谢谢南老师！

---

* 时间：二〇〇五年十一月五日。
　地点：上海市宛平宾馆中央会议厅。
　主办：中国科学技术大学国际经济研究所。
　听众：中国科学技术大学二〇〇五级管理科学与工程博士班（北京）学员，以及各界人士共二百四十余人。
　录音实录：赵云生。
　初步校对：马宏达。

孙健： 下面，就不耽误大家的时间，请老师马上讲课。刚才，会场的纪律，我已经跟博士生们讲过了。一会儿上课的时候呢，请大家起立，不一定要鼓掌了。为什么要起立呢？这是我们两千五百年的传统。因为孔子在讲课的时候，有一个学生不断地站起来。孔子就问他："你为什么站起来？"他说"是表示对老师的尊敬"，他就是曾子。以后我们就这样。课堂纪律我已经讲过了，现在请老师讲课，全体起立。

南怀瑾： 请坐请坐，谢谢，谢谢，诸位请坐。

诸位先生！诸位同学！先生就是同学，老一点的就是先生了。我今天被朱校长、孙教授逼到这里，又来出丑了。我每一次讲话前，都有两句对自己下的结论，先说了这两句话，你们听我讲话听得不如意的时候，就比较安稳一点了。我虽然活得年纪大一点，对自己平生的看法，只有八个字，"一无是处，一无所长"，这是我的招牌，到处讲的。尤其讲话，我是最靠不住的。朱校长、孙教授刚才讲的话，推荐得太过分。我讲话有一个毛病，就是想到哪里讲到哪里。叫我讲课是很痛苦的事，刚才我私底下在讲，每次上课，我感觉到都是被人家考试。

所以今天临时有个感想，当年在抗战的时候，在大后方，我还年轻，就是在带部队的时候，自己很威风凛凛。旁边的人告诉我，你好威风哦！我说："我骑在马上想了一副对子，讲自己'耀武扬威，前呼后拥三匹马'，很威风啊。"自己骑在马背上，前面、后面、旁边都是兵；"高谈阔论，东拉西扯一团糟"，这是我对自己的评语。

今天想起来几十年前的事，我应该把这副对子改一下："招摇撞骗，前呼后拥三辆车"，三部车子跟着一起来；"高谈阔论，东拉西扯一团糟"。这是我讲课前，对自己先做的评语。

朱校长跟孙教授讲了好久，要我给他们博士班的同学，报告一些意见，我当时随便答应的。还有上次为上海国家会计学院做的演讲，也是临时随便答应夏院长的。后来他们就抓住不放，所以今天被逼到这里，又要出丑了。

我心里想，讲什么题目好呢？我原来想要讲的，是关于中国的文学，此其一。第二，是关于今天的儿童教育。我觉得，我们这一代是没有希望了。但是，中华民族的后一代，怎么样站起来？这个国家怎么向前面走？

我看到现在的教育一团糟，我本身一辈子没有一张文凭，没有一个好好的学位。可是，我这句话不是为自己遗憾哦！而是非常自豪。因为我不喜欢文凭、学位。我一辈子受过文的教育、武的教育、洋的教育、老土的教育；自己不喜欢受学位、文凭的拘束，这是非常特别的一个经历。

所以讲到中国的教育，我的经验太多了。我从小接受私塾的教育，读古书出身，后来到洋学堂。现在的小学、中学、大学的教育，那时开始便叫洋学堂。我读古书出身，怎么进洋学堂呢？刚才跟校长、孙教授两个谈笑，我说教授啊，我十二岁起就教书了。由私塾进洋学堂读书，十二岁高等小学毕业。当时所谓高等小学，大概等于现在的初中二年级的程度，你们没有听过，那时候已经有英文，有新的科技知识教育，但是我都不懂。我读古书出身，进去读了一年就毕业了，是很有趣的，考试第一名，是倒数第一名。哈，我回到家里一看啊，喔哟！不得了，门口挂了好多红布，还有警察站在那里打锣恭喜，秀才毕业了！如果高中毕业，就叫举人毕业，得了举人；大学毕业，就叫考取进士了。所以我回到家里，人家说我是秀才毕业！

那一年，我父亲借了一个地方办学校，请了一个前清的举人教书，他是从日本留学回来的，同时也请他到家里来教我。他跟我都在小学里教书，这位老师经常生病，结果都是我在教了。所以说，我十二岁就开始教书了。

然后我出来，读过武的学校，当过兵、带过兵、教过兵，乃至在军事学校教过；读过大学，读过研究所，后来都不想读了，我觉得老师讲的课，我都懂了，老师的著作，我一个礼拜就看完了，下面不想要听了。因为老师讲了半年一年，都是他那本书上的东西，我还浪费时间干什么？我读书就是这样读的，是很有趣的。所以我一辈子不拿一张文凭，不拿一个学位。这个那个的教育都受过，也教过，甚至还教过出家人，还在山上当过和尚，大家都知道。

因此回转来，看今天我们的教育，简直是莫大的一个浪费，害了后一代！差不多每一个学生都戴近视眼镜，背那么重的书包。我说读书不是这样读的啊！这样读书把脑子搞坏，把眼睛也搞坏了。我现在快到九十岁了，看报纸有时我还不用戴眼镜。我说"你们读书绝没有我读得多"，为什么如此呢？教育问题！我真是担心。教育问题是个严重问题，关系到我们国家民族未来的前途。

所以这七八年之间，我提倡儿童读经，中、英、算（中文经典、英文经典、心算）一起上，从小孩子起就开始背诵。这个工作我在发动，大家也不知道，现在全国儿童参与的很多。我没有搞组织，大家响应就推广了。我本来想讲这个问题，现在简单地提一下。

大家都知道，一个国家民族的灵魂精神，在于文化。文化包括了很多，政治、经济、社会、教育、军事，等等，都是文化。但是，文化的中心在文学，这一代，文学没有了。未来文化怎么走法？这是个非常严重的问题。

本来想讨论这个问题，报告我的读书经验给大家听，读书求学问不是为拿学位。对不住了，我现在一看孙教授拿给我的，你们博士班的读书计划，喔哟，一规定都是三百来本书哎，我看得眼睛都张大了，这么严重！孙教授说，他自己读过多少万本书。

我说，这怎么办？书是读得多，但是读书不一定有学问，学问两个字，是不是读书得来的？不知道。这是个大问题！读书是求知识，所以我们中国传统文化，二千五百年前，孔子整理《礼记》，对于老师与读书有专门的讨论，后人有句话总结："经师易得，人师难求。"就是讲读书求知识。

什么叫经师？以前四书五经背得来，每一个字都给你解释得清楚，道理都告诉你，这叫经师，这是教知识的。人师，不一定学识好，但是他的人品修养，他的做人做事，使我们一辈子学不完，像孔子孟子一样，这叫人师。

"经师易得，人师难求"，就像我们当年带兵，有句名言，"千军易得，一将难求"。像我们年轻时从十几岁起，我也带领过很多土匪兵，一看那几万人，很想找一个会管理的将领，但是非常难，教育方面也是这样。所以真的学问，是如何做一个人；能够做人，就能够做事，这就是人师了。"经师易得，人师难求"，是我们几千年前的古话。

现在的教育，做老师的同我一样，我也是大学教授，我也带过博士班，在我手里毕业的硕士、博士还不少哩！我常常告诉他们，你们那么辛苦，没有功劳也有苦劳，没有苦劳也有疲劳啊！学位当然给你们通过。学位虽然给你们通过，但是学问不一定是够的哦！学问，你们一辈子还学不完。

中国禅宗有一句话，是关于师生之间的问题，那很重要了，什么叫学问？什么叫老师跟学生的关系？"见与师齐，减师半德；见过于师，方堪传授。"这是中国文化中唐代佛教禅宗最有名的话。现在全世界景仰中国的禅宗，当然现在没有真的禅宗了，也许我算一个吧！可是我一辈子没有讲禅宗的东西，因为没办法跟人家谈，文化基础不够。

怎样叫"见与师齐"？一个学生的见解、知识、学问跟老师完全一样；"减师半德"，德行只有老师的一半，因为老师已经五十岁，你还只是三十岁，等你五十岁，老师已经七十岁了，他永远在你前面。"见过于师，方堪传授"，这个学生的见解，超过了老师，才够得上做个学生。中国禅宗教育的精神，是这样要求的，希望学生超过老师，这也是中国文化关于教育方面的理念。现在，譬如我也做教授，我笑自己，人家叫我"南教授"，我说："你改一改，叫我老教授。""老师啊，你愿意叫老教授啊？"我说："是啊，你听清楚哦，我不是叫教授，是会叫的那个野兽的兽——老叫兽；年轻的，是小叫兽。"

为什么这么说呢？我说当教授好可怜，比歌星还不如，那个歌星上台唱一首歌，啊哟，好几十万！我们讲了两个钟头课，才拿两千块钱红包，还要谢谢人家。我说现在不是做老师耶，完全是知识的出卖。譬如一个学校老师、教授，拿多少薪水？像我们的校长、教授、大博士，同我一样，都很辛苦，一辈子读书，只会教书"吹牛"吹一下，然后学生听完了，夹着报告就走了。

不过，当年我们在洋学堂大学是怎么样上课的？你们还没有看到。这个也是几十年以前，就是在抗战以前，快要和日本人打起来的时候，我们到大学听课，这个书是夹在腋下，长袍一穿，里面西装裤，看到老师，下巴一翘，表示打招呼，然后斜坐在椅子上，这样听着，很傲慢的样子。然后，听老师讲得差不多了，就起身，下巴一翘，示意告假就走了。不是点头哦！为什么？不听了，因为已经晓得他今天讲什么，下面自己都懂了。

我在军校教书的时候，那个更严重了。我才二十几岁哎，留个胡子冒充四十几岁，尤其我教的是高级军官教育队，都是做过团长、旅长以上的，他们坐在下面，端端正正，眼睛这样睁着，好像看着你，实际上都在睡觉。我一看，他们精神太严肃了，不在听课在睡觉，我马上来个笑话，他们就哈哈哈一笑，精神来了，然后我再讲，就是这样，这是军校教育。

现在回转来讲，现在的教育啊，变成商业行为了。校长、老师，大家是在出卖知识；学生交了学费，爱听不听，一篇论文一交了事。那么，所有的博士论文，除了科学方面的（真正的科学方面我是外行，在这里的专家晓得），其他的硕士论文、博士论文，进教育部一看，堆积如山，谁会看啊？看都不看！

唉！这个时代的教育，我发现是个大浪费，都是无用，所以我最近主张读书无用论。这个教育也不能把人改变，我常常发现，像我们现在中国十三亿人口，农村的父母，非常辛苦地凑钱，培养孩子读中学，甚至读到大学。这个孩子大学毕业以后，就到北京、上海、香港，这些大城市里去，永远不会回到农村去。那么辛苦培养一个人才，对农村、对家乡、对社会没有帮助，出来以后要拿高薪水，要玩花样。照这样下去，教育愈普及，不是天下愈乱吗？我发现这是很痛苦的事。所以我说，要高薪聘请这些大学教授，回到农村去教孩子。

现在我发现男女受了教育（对不起啊！女同志们请原谅），尤其很多女同志们受了教育以后，常常是既不能做贤妻，又不能为良母，连饭都不会做，都要吃馆子的；要找老公的话，老公不会洗衣服做饭，是不能嫁的。这个以后怎么办？

所以我常常告诉人，今后的社会没有家庭制度，没有夫妻生活。受了教育以后，除了向钱看，领高薪去享受以外，不愿回到自己的家乡，为家乡有所贡献了。包括我们在内，也是这样。这是几十年经验的反省。

平常我和朱校长、孙老师谈起，本来想在这一方面，同大家研究讨论。后来，我有一天问那位同学，孙老师他们要我讲什么课啊？他说："他们有个电话来了，题目是《中国传统文化与经济管理》。"我说："这个要命了，这个是考我了。"我最怕这个东西，传统文化与经济问题！我与孙健教授经常开玩笑的，他一来就逗我笑。我说，这个孙健胡闹，叫我讲这个问题，全外行嘛！等于赶鸭子上架。但是呢，我还真喜欢他出的这个题目，真有道理，真有道理！

我们今天碰上这个时代，大家全体向钱看。好像是全体人民都向钱看，做生意。这个情形，就是孟子讲的"上下交征利，则国危矣"，对国家前途来说是个很严重的问题。

这个经济问题，只要研究一下就知道，它关系国家前途的走向。今天大家都是为钱，受教育也是为钱。那么，我们中国文化里，是不是这个东西？难道不是为钱吗？所以，孙老师一定要我讲这个问题，我觉得对，我说对我是个考验。但是，我也经常想这个问题，顺便给大家提一下。

讲这个问题以前,我请大家注意:我们中国传统文化,对于经济发展的看法是什么?

首先,孙老师给我出的题目,是经济与管理问题。有关经济学,这个名词的翻译,我经常提,到现在我都不赞成,可是大家已经用惯了。我们有很多由西方翻译过来的名词,用的是"二手货",是日本人的翻译啊!当时,西方文化向东来的时候,日本人先翻译,原来都是用中文的,所以翻译成"经济",这个大有问题。

"经济"二字,在中文里头概念非常大,是大政治学,所谓"经纶天下,济世救人",这才是经济,也就是大政治家的学问,包括了政治、教育、军事、文化、社会等都在内,不是只讲金融,不是只讲生产的。可是,当时日本人这样翻译了,叫"经济学"。

譬如还有一个学问,我们也觉得很好笑,有人问:"你这个同学学什么?""我是学哲学的。""哲学"二字也是日本人翻译的。我们都是用"二手货"翻译的名词。尤其我到了台湾,一听"哲学"两个字,台湾话发音是"铁盒",我听成铁的盒子。我说:"还有个'铜盒'吗?"哲学应该是慧学、智慧之学,日本人翻译成哲学。

但是,日本人自己用的呢,财政部叫大藏省;藏相,根据什么来的?是从佛学里头来的。日本人翻译"公司"叫株式会社,他不翻译成"公司",公司倒是我们直接翻译的。所以,西方文化与东方文化沟通,翻译上有很多问题。

真正的"经济"两个字啊,譬如日本有个报纸叫《产经新闻》,包括产业和经济。我们中国原来历史上关于经济,叫"食货",要吃饭,要货品,这是经济。所以读历史,司马迁《史记》上,专门有一篇《货殖列传》,讲经济的;《平准书》,是讲货币、金融流通等问题。

一百年来,中国对于西方文化的翻译,没有一个统一的标准,这个机构没有。当年,民国时有个"编译馆",偏偏到了台湾以后,摆在殡仪馆的旁边，编译馆和殡仪馆，两个搞不清楚。

希望大家告诉后代要注意，怎么样有一个统一的翻译。尤其科学上要有个统一的翻译。譬如日本，学物理、化学，硬是把它翻译成日文。我们有些自然科学，自己没有真正翻译，只好用外文。这一点，是我们不及人家的地方。

刚才提到，孙教授要我讲经济问题，我首先提出来这个名词翻译上的零碎问题。这也是个专门的题目啊！你们哪位同学，可以就此写一篇很好的博士论文，引经据典，可以出书告诉自己国家的人民。

这就是刚才讲的"见地"，做学生的要"见过于师"，一个人思想见解没有超过人家的地方，就不叫作自己的学问。这个名词翻译，就是思想见解的问题，也就是孔子讲的"正名"。观念都没有弄好，怎么行呢？现在我们一提经济，就想到钱了，经济是多大一个问题啊！一个产业，把世界上的物资，变成有用的东西，在社会上流通，同钱打上交道，然后同国际又有交换物资的关系。

譬如，我们讲"贸易"两个字，大家现在都没有受过自己国家文字学的教育，什么叫"贸"？贸易这个"贸"，下面有个宝贝的"贝"字。这个"贝"字是什么？我们几千年前，那个时候货币是用贝壳的，贝壳就是财富。贸字上面那个"卯"字是发音。譬如说"朋友"两个字，朋字现在写成好像两个月亮，实际是两排贝壳，出门时脖子上挂两串钱，才能交朋友。有酒有肉交朋友，没有钱不能交朋友。贸易是财富的交流，为什么叫"易"呢？易是日月交替流转，你有，我没有，我跟你交换，这叫贸易。

"食货"这个问题很大，我们自己的经济学家，在这里的经济学博士很多，都是经济学大博士、大教授。当然，他们是专家，我是小儿科的小人家，不敢向大家请教，不过，这的确是个大问题。

一个国家对经济的大原则是，究竟要"藏富于民"，还是要"藏富于国"？这是个大问题。不管什么主义，一个国家究竟要国富民强，还是反过来民富国强呢？

你看中国字，那么简单四个字，国富民强。是国先富，再是民强；还是民先富，再使国强？藏富于民，是先让老百姓富有，政府自然富有；还是说，一个政府的政治体制，先使政府富有，再分配给老百姓？究竟应该藏富于民还是藏富于国？这就是经济政治的大问题了。

在我们的文化里，讲到中国文化，就提到孔孟思想。孔孟思想不足以完全代表中国文化啊！中国文化体系那么庞大，有所谓诸子百家，儒家孔孟之道不过是百家里头的一家，是部分的思想。孔孟他们关于经济的思想，究竟怎么样？道家关于经济的思想又怎么样？诸子百家关于经济的思想又怎么样？至于佛家的思想，有没有经济学？有的，佛家也讲经济学的。

所以我说，你们实在不懂得佛教，中国的佛教，在唐朝已经出现类似于共产主义的社会形态，在什么地方出现呢？就是唐朝禅宗的丛林制度。这个你们没有研究过了，现在的庙子也没有一个真正的丛林。真正的丛林，几千个和尚生活在一起，那个秩序，那个道德精神；谁都没有私人的财产，共同地生活在一起。这个内容，我们想要彻底去了解的话，要开专题来讲。

刚才讲到中国文化，包括诸子百家，儒家并不完全代表中国文化。那么，我们中国传统文化，诸子百家与经济管理关系，就是孙教授出题目考我的。他出的题目大了，他老兄啊，随便一出，我就很可怜了。他是文人，说一寸，我这个粗人，就跟着跑三四十里。只得想想，怎么把这个资料兜拢来。

请大家特别注意一个问题，我在美国的时候，经常跟外国人说笑的，尤其跟美国人说笑得很厉害，我说：来来来，我们比文化，你把膀子亮出来。

"呃，老师，干什么啊？"我说："亮出来！"他就亮出来了。

我说："看你的毛多，还是我的毛多啊？"

"嗯,你们中国人皮肤好,没有毛,我们身上都是毛。"

我说:"因为你们文化不够,盐巴都吃少了,我们盐巴吃得多毛才掉了。我们吃了几千年的盐巴,美国两三百年的历史,算个老几啊?讲人文文化,给我们做徒孙我都不要;讲现代科学,我只好跟你们学,其他,你们谈不上。"

可是我告诉他,十六世纪以后到现在,西方文化的思想认为,想解决人类的问题,要人类一切安定,是要靠经济,以经济解决政治。我们中国几千年的文化,认为经济是附带的,要靠政治解决问题,政治搞好了,经济就附带搞好了。东西方在这个问题上的认知刚好相反。所以中国文化从古到今,很少提经济这个事,只有《货殖列传》《平准书》,等等,认为政治安定,经济自然好了。

西方十六世纪以后呢,这个思想越来越尖锐了,尤其到现代,像美国的文化,影响我们工商界的各方面,都是以经济问题来解决政治,东西方在这两方面刚好相反。但是这两个相反的,并不冲突,在我们文化里头都有。所以刚才提这个问题,我们要特别注意。

中国文化过去真正讲经济问题时,从哪里看起呢?我给大家提供资料,不过要加上西方文化一起来研究。

首先,资料在《易经》。不是卜卦哦!孔子的两篇论文,《序卦传》的上下篇,是孔子研究《易经》的报告。你们买一本古本《周易》,不要看现在人的注解,包括我的书都不能看,你看了我的书,就上当了。

有人说:"老师,我看了你很多书。"我说:"不要看,我当年没有饭吃才写书,那是为了吃饭的。""著书都为稻粱谋",这是清朝嘉庆、道光时的名士龚定盦的诗,他是杭州人。他说:"著书干什么?为了吃饭,没有买米的钱了,只好写文章卖了。"还有一句诗,清人舒位的,"秀才文选半饥驱",秀才就是读书人,写的文章著的书,为了卖钱嘛,肚子饿了骗饭吃。所以我是肚子饿,为了钱写书的。我真要写的东西,我自己认为,还没有写,因为写出来会很严重,几乎都在骂人,都在批评人,就不对了嘛！只好不说不写。

孔子在《易经》的论文《序卦传》中，讲八八六十四卦次序的道理。上篇，论述上经三十个卦，讲宇宙、物理、人文的法则；下篇论文，讲有天地就有万物，有万物就有男女，有男女就应该结婚，变成夫妇，夫妇生孩子，变成一个社会。但是社会、家庭、经济是怎么演变的？人类是怎么来的？原始的人类没有私有财产，私有财产一来以后，就有经济问题产生。孔子在《序卦传》上讲得很清楚，有哲学的经济，经济的哲学，基本上都在《易经》里面。

我们常常说公事和私事，大家都认识中国字这个"公"字，譬如《礼记》里的一篇《礼运·大同篇》，就是讲政治的最高理想，天下为公。我在政治学校讲政治课的时候，提出来四个人类文化的理想：一个是我们几千年的大同理想世界；一个是柏拉图的理想世界；一个是中国道家的华胥梦的世界；另外是现在人构想的，真正共产主义完成的那个世界。

西方文化讲政治学，讲了半天，哪里有政治学啊？我自己也教过政治学，给人家讲了半天，最后的结论，这个世界政治学的大目标，用十二个字就讲完了，就是：风调雨顺，国泰民安，安居乐业。

第一，风调雨顺。你看美国今年的风灾。美国不是吹牛说科学发达吗？科学再发达，你可以阻止得了风灾吗？风不调，雨不顺，国家不会太平，老百姓也不会安定了。第二，真正的政治最高境界是四个字，"安居乐业"。每一个人都很平安，有饭吃，什么都不担心，更不担心交税，只要警察不要找我麻烦就行了。所以就是这十二个字，什么柏拉图的理想，什么大同世界，都不管了。

但是如果问，世界上倘若真的有大同世界，天下太平，那要什么时候实现呢？我说，人类也许永远不会实现这样的理想。假使人类有这么一个社会形态出来，就是宇宙毁灭的时候。因为社会很怪，大家都长成一个样子，穿一样的衣服，一点都不好看了，就是要乱七八糟的，有正有反，乱来乱去的，过得才有味道。平安固然很好，但太平安就不能过日子了，相当于现在年轻人大学毕业，拼命找工作，做个三四十年退休。退休了以后，两夫妻坐在家里，没有爱情可谈了，两个人背靠背，看着电视，我说是"流泪眼观流泪眼，断肠人对断肠人"，就没有什么好玩了。所以如果天下太平了，有什么好玩呢！

这是从政治哲学回到经济哲学，所以经济思想、系统，也是从这个地方开始的。

第二讲

南怀瑾：刚才给大家提出来，先从孔子《易经》的两篇论文开始研究，关于《序卦传》，这个里头有很多的东西，包含社会、政治、经济、教育，等等。中国人要先懂得怎么认识汉字，懂了古文字，研究起来就很简单。现在从白话教育入手，尤其是从白话简体字入手，那就不要谈中国文化了。

我们很多财富都在古书上，大家不读；尤其现在，历史都不好好教了，不懂中国历史了。我常常跟孙教授讲，像我们十二三岁起，全套的历史已经看了三遍了。不但看，还圈点。每遇到重要的地方，都要记下来，要背下来。不是为了考试，是自己喜欢，觉得这个重要，就想记它了。现在为了考试去记，那是很痛苦的事，因为自己并不想要的缘故。跟吃东西一样，我要吃的才吃嘛，你要我勉强吃，那害死人；读书也是一样。

刚才说从《易经》开始研究起，然后，提到"公""私"两个汉字，都要认得啊！为什么这两个汉字写成这样？大家没有研究。这个问题，我们在前两次别的演讲当中，已经提到过。现在提的就是大同思想，与经济学有关的。"天下为公"，这个"公"字，上面一个"八"，下面这个"厶"字，你们诸位大概没有学过，这是私人的"私"，跟"公"相对，"厶"这个字是古代"私"字的正写，后来旁边加上一个"禾"，禾就是稻子。有了稻田了，自己占有，私人占有，就叫作"私"。"公"字为什么这样写？像一个西瓜一样，切成两半，八字，两边分开，一点都不保留，敞开的，没有私的，把下面的私盖住了，因为无私，才叫天下为公。

我们小时候，学汉字，叫"六岁入小学"。小学干什么？认识汉字，包括字的意思都要知道。

那么，大同思想关于经济是怎么讲的呢？我只讲一个原则。大同思想在《礼记》的《礼运》篇里。《礼运》开头的一段，就是我们讲的儒家的大同思想，中国人的传统。《礼运》是什么意思呢？文化的流程、流转、演变，所以叫运，运就是运行、运动、运转。

孔子有一天，在走廊上非常难过地在叹气，他有个学生叫言偃（子游）。要研究起这个学生来，言偃应该是江苏常熟人，当时属于吴国。

言偃站在旁边问："老师啊，你今天好像那么凄凉，那么悲伤，很难过的样子，为什么？"

孔子就讲出来，等于我们现在感叹，文化教育怎么办？不得了啊！孔子就讲出《礼运》的道理。他说："我们中国上古时期是大同世界，这个时代已经赶不上了。"我们读历史有几句话："三王者，三皇之罪人也。"我们小的时候都晓得讲，因为自己看了喜欢。三王就是尧、舜、禹，是孔子、儒家很推崇的，但是，三王已经是天皇、地皇、人皇三皇的罪人了。"五霸者，三王之罪人也。"齐桓公、晋文公、秦穆公、宋襄公、楚庄王，称为五霸，他们是尧舜禹三王的罪人。那后来，秦、汉、唐、宋、元、明、清，那应该就是五霸之罪人了。意思是说，中国的人文文化，一步一步，越来越退化了，这是讲中国文化的演变。这个话，相当于清朝名士才子郑板桥说的，和尚是释迦牟尼的罪人，秀才是孔子的罪人，道士是老子、庄子的罪人，因为都不对了。

那么，康有为《大同书》里的经济思想呢？天下为公的经济思想呢？有两句话答复刚才孙教授出的题目——中国传统文化与经济管理，就是"货恶其弃于地也，不必藏于己；力恶其不出于身也，不必为己"。

我们读古书，这些原文都要背的。货，天地间的物品，石油也好，一颗稻子也好，番茄也好，水果也好，天地万物生成给我们的，不要浪费。我们小的时候受的教育，吃饭的时候，一颗米饭掉在地下，祖母在上面，眼睛就看着你："捡起来，吃了！"我们就把饭从地上拿起来吃了，我们那个地还是泥地呢！天地生万物给你，是给你吃给你用的，你过分糟蹋了，就有罪了，这叫"暴殄天物"。他说，货品、万物，"货恶其弃于地也"，不要浪费了；"不必藏于己"，不是个人占有，是大家公有。这是几千年前，最初的经济思想。

"力恶其不出于身也"，至于大家做的事情，就怕对社会没有贡献，每人都把自己的力量，贡献给整个的人类社会；"不必为己"，不是为了个人目的在做。这个是大同思想里头的，基本的经济思想。后世讲，这代表了儒家，代表了中国传统文化的经济思想的基本原则，由这里发挥出来很多内容，这个将来再谈了。

第二，我们不讲孔孟，讲老庄，老庄的文化是很严肃的。我们中国人天天谈孔子，其实，我们所有中国人受文化影响最大的，不是儒家，而是杂家的思想，是老子、庄子、孔子、佛家等融合在一起的杂家。诸子百家里头有个叫杂家，我们暂时不管，先看老子的思想。

老子有三宝，"曰慈，曰俭，曰不敢为天下先"，这是老子思想的三宝，也是政治思想、经济思想的三宝。后来佛教进来，叫皈依佛、法、僧三宝，这个三宝的观念是套用老子的。"曰慈"，老子讲慈爱，孔子讲仁义，就是佛学讲的大慈大悲。"慈"最难了，那是爱一切人，爱一切物。

"曰俭"，今天我们的国家、我们的民族、我们的社会，错在浪费。现在最严重的问题，就是过分地浪费，不能俭。政治也好，经济也好，这个俭，是如何省俭，并不是说不用，这是个大学问。

"曰不敢为天下先"，我们现在讲发展，如果根据中国文化讲，社会发展是为全民而发展。人类为什么要有财富？财富怎么产生的？财富要怎么用？

研究这些个问题,唯一的办法是要研究全体的历史。我们当年的教育,要经史合参,把四书五经、诸子百家的学问都研究了,随时抓住历史对照,合拢来参考。

我们今天看的外国经济学的书,都是十七、十八世纪工业大革命以后这些国家的思想。你注意,某个经济学家是哪国人,他的立场就站在哪个国家,每人都有他的立场。而且那个时代的人,思想都局限于那个范围。现在美国提出来的新自由主义,我看这是侵略性的经济。我经常讲,中国加入世贸组织以后,美国来收购了,美国来参股了,美国来合并了,那是好事吗?大家有没有想过啊?因为你们不知道自己的文化,也不知道自己的立场。

我们这里有位同学,是美国斯坦福大学毕业的经济学博士,他介绍他那个老师,是美国一位很有名的老经济学家,写了一封信给我,我回信给他:"现代社会,全世界缺乏一个全人类的经济思想,未来的世界、人类,究竟怎么安排?你们这个那个国家的经济思想家,那些著作都是强盗思想。因为只是站在自己一个国家、一个时代的立场。"

譬如市场,什么是市场?真正的市场,是我有成品,销给没有成品的地方,没有成品的地方就是落后地区,落后地区才是经济市场,商业的市场。讲不好听点这就是经济侵略。市场经济究竟怎么样?这个市场怎么发展?"消费刺激生产"究竟怎么样?

我讲这些一条一条的观念,就是说到道家的经济思想——慈、俭、不敢为天下先,由此想到现在这些问题。因为孙教授给我出这个题目,下面我告诉你们做研究的一个路子。

当年抗战开始,我也在教书,而且是教军校高教班的。那个时候,军校提倡,绝不能做亡国奴,每一个人都要有"不成功则成仁"的精神,打不过就死,拿命来打,提倡文天祥、岳飞的精神。后来,差不多到抗战后期,大家开会时,我说:"我们这个思想不对,我们不能够永远做失败主义者,不能有非给日本人打垮了做亡国奴不可的思想,做亡国奴就要出忠臣。老子说的话没有错,'六亲不和,有孝慈,国家昏乱,有忠臣'。六亲,家庭不和,才有孝子。所以我们中国二十四孝,每一个都是有问题的家庭,有问题的家庭才出孝子,家庭没有问题为什么要孝子?个个都是孝子啊。国家要亡了,才出忠臣,文天祥凸显出来的就是宋朝亡了嘛!不但文天祥,陆秀夫还背着宋朝最后一个皇帝,在广东跳海的,这是忠臣。我们为什么在抗战阶段,跟日本作战的时候,只提倡做文天祥、做岳飞呢?为什么我们不反过来研究汉、唐、宋、元、明、清,开国的时候,怎么样使国家强盛起来?"我讲之后,大家说:"对啊!要反过来研究。"我现在还是这样主张。

譬如说,我们都晓得中国有名的"文景之治",你们最近都看过汉代题材的历史连续剧。那么,为什么汉文帝跟景帝两个,在汉朝开始有这样的成绩?大家都晓得,汉文帝走的是道家老子的政治思想路线,他如何成功的?我有个资料发给大家。

看这个资料前,我们要跟西方的历史有个比较,我还要吩咐诸位,今天研究中国的历史,同时要看西方的历史,要一起对比研究。

秦始皇的时代,那时还没有罗马帝国,罗马帝国是在汉朝这个阶段建立起来的。我在资料上面,把公历纪年大概都提了一下。汉朝统一了以后,中间经过变乱,汉高祖的太太吕后当政,内乱一二十年,最后才找出汉文帝来做皇帝,这是公元前近两百年的时期。

有一个问题,我心里非常不痛快的,就是用公元纪年。我们现在用公元二〇〇五年,可是我们中国自己的历史纪年,是黄帝纪元四千七百三十九年了。公元是以耶稣出生的那一年开始,我们不是耶稣的子孙,为什么要用耶稣的纪元?我们有自己的纪元呀!现在是搞得一塌糊涂了。汉文帝这个阶段是公元前,比耶稣出生还早两百年,这个时候耶稣还没有出生,罗马帝国也还没有正式建立。那个时候什么叫欧洲啊?那是荒凉野蛮的地区,几个民族在那里乱啊闹啊。所以今天研究历史,你要了解国家,看到未来,一定要把西方历史跟中国历史对照着看。

比照中西历史，就会发现，一百年之中，东半球的中国人做了一些什么事，西半球做了一些什么事；这里出了这样一个人，那边也出了那样一个人；这边出了一个汉朝，那边出了一个罗马帝国；这边怎么变乱，那边怎么变乱，全世界一样。慈禧太后的时候，韩国是明成皇后，英国是维多利亚女王，我说那是阴气鼎盛的时候，女人统治了世界上这些男人。后来阴气没有了，出来些男的英雄，闹了几十年。现在，旧的英雄好像老去了，新的英雄好像没有诞生，不晓得这个时代怎么变化，很想看看英雄人物，但看不到了。

汉文帝活了多少岁？我给你们的资料上面都有，他年纪轻轻四十六岁就死了，还没有到我们这个年龄。可是汉文帝上台不过二十三年，天下就平下来了。我们中国文化，在秦始皇烧书以后，断层了。断了八九十年以后，到汉武帝的时候才恢复。我们推翻清朝到现在九十四年，文化也应该慢慢恢复。

你们看汉文帝上台以后，怎么处理这个经济，我资料上提示给你们了，最好你们要看原文。在此一百年之间，即公元前一百四十年的前后，到了汉武帝时，相当于欧洲第三次布匿克战争终结，马其顿亡国了。到公元前一百年左右，罗马尚在战争阶段，还未到罗马帝国建立的鼎盛时期。这个刚才都讲过。

汉文帝叫刘恒，他二十几岁上来当皇帝，他的历史大家应该知道吧？年轻人可能不知道，大概需要我报告一下。汉高祖统一天下，从惠帝到吕后的十六年当中，那个老太太吕后当政，搞得一塌糊涂，很乱。等把吕后一打倒，好了，这个刘邦的江山怎么办？刘邦的儿子被吕后收拾得差不多都没有了。所以大臣们商量，找谁来做皇帝呢？想到一个人——汉高祖刘邦的儿子，他的妈妈姓薄的。姓薄的这位妃子，实际上她是第二次嫁人，原来是魏王的一个太太。汉高祖把魏王收服以后，也把薄氏接收了，后来封她为薄妃，生了一个儿子，就是后来的汉文帝刘恒。

薄妃这个人，非常了不起，是个读书人。她研究老子、庄子道家的思想，一看吕后这个样子，太可怕了，她就靠边去了。所以，刘邦封儿子刘恒到山西代郡去做代王时，薄妃也就跟着儿子到了代郡。汉朝政府内乱，最后没有皇帝，想了半天，想到薄妃，薄妃仁慈善良，学老子的清静无为，与世无争，她的儿子教育得好，所以大臣们决定，就请刘恒来。

汉文帝刘恒当皇帝时，也不过二十几岁，他开始还不肯来。来了以后，他听母亲的教导，学道家的清静无为治理国家。刚才讲过老子的思想三原则：曰慈，曰俭，曰不敢为天下先。这个"俭"同经济管理有关，算是经济管理了。所以第一年，就把国家法律改了。当时汉朝的法律，用的是秦始皇以来的法律，很严格的。文帝把"除收孥相坐律令"这个法令废掉了，一个人犯罪就判一个人，同他的太太、孩子、家属没有关系，不可以这样株连九族。"诏定振穷、养老之令"，命令救济鳏寡孤独者和穷人，对八十岁以上的老人，每月送给米、肉、酒，九十岁以上的，还送衣料。"令四方毋来献"，当时有人献千里马给他，他说，我出巡时，不过每天走五十里；领兵出征，不过每天走三十里，我要千里马干什么呢？因此下命令，不许各地献宝，止住了这股风气。他这第一条，慈悲爱人就显出来了，年纪轻轻，才二十几岁而已，登位后就有这样的作为。

参考资料第二条："问丞相周勃、陈平做何事？"陈平、周勃这两个丞相是捧他上台的，也是当权派啊。他有一天问周勃，等于说国家主席问国务院总理了。他说："周丞相！今年的财政收入是多少？"周勃说："我不知道。"又问现在的人口有多少？答"不知道"。再问这一年断多少个案子？仍然"不知道"。周勃冷汗都湿透了后背。

这个汉文帝二十多岁，看周勃又是跟汉高祖一起起来的大将军大元帅，心里很不高兴，但是没有发作。又问左丞相陈平："你是副丞相副总理，应该知道吧！"

陈平说："陛下，你问断案，请司法部部长报告给你；问财政，请财政部部长答复你。"

汉文帝一听就问了："那你们丞相管什么的？"

陈平回答说："丞相上辅佐皇上，下由中央起管到政府各位官员，哪个做得称职，哪个做得不好，这些国家大事才是我们管的，这个杀人不杀人的，是司法部去管的……"

汉文帝一听有道理："嗯！你讲得对！"

详细的内容你们去看历史原文，这个文章很精彩的，我没有给大家写出来。我告诉大家，看历史最好看原文。像我十几岁研究历史，旁边放个地图，因为准备出来打天下，上战场打仗的。查看地图，发现打到这里，然后要知道这个地方出产什么，等等。现在要了解历史，还可以和外国史对照。

汉文帝出来坐镇天下时，长江以南，还有一个人想当皇帝，公开反对中央的，名叫赵佗，称南越王，因为他觉得刘邦的太太吕后太坏了。赵佗是河北人，在广东称帝。广东、广西、福建、越南，都在他掌控之中。那时，北方有匈奴；东面，包括浙江的东阳、温州，乃至福建，汉文帝的力量都达不到。另外，汉朝统一天下后，人口大概几千万，这都要注意，土地有多少？税有多少？读历史都要这样搞清楚，这才叫读书，不要乱七八糟读书啊！

汉文帝上来，一看四面都有敌人。他一个年轻人，当时施政又不好，得先把政权稳定了。为了这一件事情，我还闹了一个大笑话。因为我办了一个刊物，曾经有一个题目讲老子，讲到了汉文帝，说他"半壁江山一纸书"，一封信就搞定了，没有出兵，就把中国统一了。我这篇文章一出来，当时我还在台湾，有个学生在香港办报，打一个电话到台湾给我，说："老师啊，你出事了！"

我说："我还出什么事？笑话！我有什么事啊？"

"老师，你的文章出来，廖承志也'半壁江山一纸书'，写了一封信给蒋经国。"

这个故事很有趣的,现在不讲这个,回过来讲汉文帝写一封信,给要反"中央"的南越王赵佗,两句话就把赵佗"打"得动不了啦。

信中说:"朕(皇帝自称),高皇帝侧室之子也。"汉文帝很谦虚,等于说赵伯伯(赵佗跟汉高祖是同一个时代),我是高祖皇帝(刘邦)姨太太的小儿子,文帝就跟赵佗来这一手。"弃外,奉北藩于代。"我爸爸还不要我,把我丢到山西那个匈奴边上去了。接着的内容是说,现在"中央政府"他们硬要我来做皇帝,我只好做皇帝了。他说,你的祖宗的坟墓在河北,我已经派人给你修得好好的,而且派很多部队,把你家里的房子都保留起来了,你家里的亲戚们,我都把他们供养得好好的在那里。哎呀,天下最好不要打仗,打仗是没有办法的,打来打去啊,老百姓可怜,死得太多了。

就这么一封信,派了一位大使叫陆贾,是一个读书人,去送给赵佗。陆贾跟赵佗认识,也是跟汉高祖同时期人。陆贾把这封信交给赵佗,赵佗打开一看,出了一身汗:"哎哟!刘邦怎么有这样一个儿子啊!这太厉害啦!还叫我赵伯伯,说自己是爸爸的小老婆的儿子,没有什么了不起,好像说你赵伯伯了不起。"

这一下赵佗吓到了,文帝这个家伙,动不了他的!马上把自己皇帝的招牌拿下来,投降了。他就回了一封信,同样是很妙的文章,他这么讲:"蛮夷大长老臣佗……"他自称蛮夷,是文化落伍的蛮子地方,少数民族的大酋长,不敢称皇帝了,马上称臣投降,这就是政治。赵佗回信给汉文帝说:"我不是要当皇帝啊,是你爸爸死了以后,你那个大妈妈吕后一塌糊涂,要跟我作对,所以我看不惯,自己做起皇帝来。现在你大少爷做皇帝,做得那么好,我当然不当皇帝,跟你合作。所以南方的半壁江山就统一了。"

之后,汉文帝第二封信写给匈奴,匈奴不是欺负中国的嘛!后来的汉武帝打匈奴,也是应该的。文帝这个时候,就给匈奴去了一封信,也是用这个办法。"不要打仗,打仗给两边人民痛苦,我们不要争了啊。"

匈奴接到这封信,也吃瘪了,愿意跟他讲和。这就是汉文帝,他用的不是什么政治经济的手法,而是用老子的手法——曰慈,曰俭,不敢为天下先。

然后,我把其他重要的内容一条一条讲,"及举贤良方正能直言极谏者",下一个命令,任何人提意见、提报告,都可以找地方的首长提出来;地方上有知识、学问好、人品好的人才,马上选举送上来,真正开始选举,由地方选举保送上来,政府马上聘用。选出的人才应具备四个条件:贤良方正。贤,这个人很贤良;良,很好的人;方正,人品端方、正直。没有讲要博士硕士毕业啊!也没有讲你是"海龟"(海外归来的人才)还是"土鳖"(本土培养的人才),都不问。另外,还有两个条件:直言,讲的话笔直的,不要耍手段;直谏,我有错误,马上告诉我。叫地方选举这样的人才,报上来。

文帝上任第一二年当中,别的什么都没有做,就干这几件事。我这个原文给你们看看,就等于带你们读故事。

历史上记载,"上每朝",这个"上",就是皇上,指汉文帝,写历史的人对他很恭敬。"朝",每次找大家到宫殿里开会的时候。"郎、从官上书疏",郎,就是一般司长们,是副部长以下,司长们、处长们,这一个阶级的;"从官",就是下面的公务员,有时候他们碰到皇帝,就"上书疏",当面给他递报告,递建议书。"未尝不止辇受其言。"皇帝坐的那个车叫辇。皇帝一看有人站在旁边递信给他,马上叫停车,问什么事?"皇上,我有个意见给你。"接受下来,"言不可用,置之;言可用,采之"。打开看了以后,这个意见不行,把它放在边上不管;意见对了,就马上采纳。

下面一句话,"未尝不称善",这句话怎么讲呢?他车子过来了,或者有人站在路边,文帝看到就叫侍卫:"停车,停车,有人拿信给我。"他一定要拿到信,还说:"谢谢你啊!非常好!我会看。"善就是好的,这是他对任何人的态度,好的,你拿意见给我,好,很好,就是称善。

这个资料中间每一条都是纲要，历史有很多内容，都像演电影一样。

下一条，"及坐，郎署长布席，盎引却慎夫人坐"。袁盎（中郎将）搬去慎夫人的座位。这一段历史很有趣，因为我怕时间来不及，原文就不念了。你们看了《汉武大帝》电视剧，有一个被杀的袁盎。中郎将就是侍卫官，官还很小。有一天，汉文帝在皇家园林上林苑举行宴会。除了皇后以外，他还喜欢一个妃子，叫慎夫人。这个袁盎，就把皇后的位子跟皇帝的排在一起，把慎夫人的位子撤到一边去了。在宫中，慎夫人常常与皇后坐在一起的，皇帝最喜欢她。汉文帝过来一看，没有慎夫人的位子，非常不高兴，慎夫人也很不高兴。皇帝就把袁盎叫到一旁问：为什么不摆她的位子啊？袁盎说："根据国家的体制、家庭的体制，你跟皇后坐在一起可以，她不能坐在旁边。"皇帝说："为什么不可以？"

袁盎说："这是中国《礼记》的国家体制，尊卑有序，秩序不能乱；第二，你不要忘记了，吕后如何对待戚夫人啊！吕后是汉高祖刘邦的大太太；戚夫人是刘邦最喜欢的妃子，吕后嫉妒得不得了。等到汉高祖一死，吕后把戚夫人的眼睛弄瞎了，耳朵熏聋了，灌药弄成哑巴，舌头、四肢都割掉了，做成人彘放在厕所里。"袁盎说："不要引起女人吃醋啊，皇上。"

汉文帝一听："谢谢！"非常高兴，也同时告诉慎夫人，袁盎不排座位是对的。慎夫人也很聪明，就赏袁盎，大概送了五十斤金。你看这个多好。

下面一条，是历史上的名学者贾谊的话，原文是很长一篇文章，涉及经济问题、社会问题，这里提示一点："今背本而趋末者甚众。"现在的社会，经济的发展、工商的发展，背离了文化的根本，国民教育根本没有，而专门向钱看，走到"趋末"的路上；"淫侈之俗，日日以长"，大家太浪费了，太豪华了，这个不得了！"天下财产，何得不蹶？"蹶，就是枯竭了，这个经济会出大问题！这一段，在这里提出来，你们去研究。

我们再看下面一条,"三年,以张释之为廷尉。释之为骑郎,十年不得调,袁盎荐之为谒者。朝毕,因前奏事。上曰:'卑之,毋高论,令今可行也。'"

廷尉是司法部部长,执法的,最有名了。张释之原来只是骑郎,做公务员十年了,一点也没有出头,他靠袁盎推荐来见皇帝。那一天,皇帝上朝开完会了,张释之跑来见皇上,当面报告事情。汉文帝说,请"卑之,毋高论",当年我带部队的时候,也对部下常说这句话。你简单一点,讲明白一点,不要讲高深的学理了,什么大学博士怎么讲,卑之,卑之,你就简单明白地告诉我,"毋高论",不要高谈阔论,不要理论太多了,"令今可行也",你报告的事情,你提出来的办法,是马上可以做得到的,不要讲那些啰嗦的话;这是汉文帝吩咐的。张释之就报告了对秦汉政治得失的看法,汉文帝听了很高兴,就提拔他了。

有一天,"上问上林尉禽兽簿,尉不能对。虎圈啬夫代尉对……诏释之拜啬夫欲为上林令"。有一天,汉文帝去到上林苑,是皇家园林,拿唐朝来讲,等于长安的终南山。他到皇家园林了,就问那个园长:"你养几头老虎啊?"譬如我们到会计学院院长那里,问他有几只孔雀啊,生了几个蛋了?那个园长答不出来。有个管老虎的那个小家伙,却跟皇上一点一点报告出来了。

汉文帝一听,马上要用这个管老虎的人做园长了。张释之就反对,他说园长有园长的道理,怎么怎么……讲了一个道理出来。汉文帝一听有道理,又问了他一些问题,然后就给张释之升官了。

升官了以后,有一天,汉文帝的太子跟梁王一起坐车,到了中央司马门还不下车。张释之看到一怒,好比有人开摩托车过去,硬去把他抓住。结果一看原来是太子哎!是将来的皇帝,张释之说太子失礼,犯规了,要处罚他。这件事情很严重了。这么一个小官,这个时候还没有做司法部部长,只是个法官、监察官,他就连太子的事情都要干涉,说太子犯了法了,要处理。搞得汉文帝怎么办?只好跑去跟妈妈(薄太后)

讲:"对不起哦,我教儿子教得不好,儿子犯法了,所以司法部要处理他。"这个是汉文帝的做人态度。

这个薄太后是学老庄,学道家的,马上说:"应该处理啊。"就让人传她的诏,严厉批评了太子和梁王,然后才免了他们的罪。因此,把张释之又提拔了一次,同一年,再把他提到廷尉,做最高法院的院长了。

给你们讲讲历史,下面两段很有趣的。读古书要这样读,汉字一个字一句话:"上行出中渭桥,有一人从桥下走,乘舆马惊,于是使骑捕之。属廷尉……释之奏当此人犯跸,当罚金。上怒。"有一天,汉文帝出行,经过渭桥,皇帝车子在上面走,有一个人在桥下走过来,让这个马受惊了跳起来,皇帝的车子大概翻了。结果把这个人抓住,交给司法去审判。张释之一审,判了罚金,大概罚了相当于人民币两千块。

"上怒",古时候只写两个字,现在用白话文写,一定是什么领导骂娘,还骂爹。"上怒",皇上发脾气了,说:"这个人把我车子都弄翻了,你怎么只判罚金呢?"

"释之曰:法者,天子所与天下公共也。"一个法,不管皇帝犯法、老百姓犯法都是一样的。"今法如是",法律规定是这样的,他无意伤人嘛!"更重之",你如果要重判他的话,"是法不信于民也",这个法律没有信用了,还要法律干什么?你要我去干一个司法部部长干什么呢?

下面讲,"且方其时,上使使诛之则已。今已下廷尉。廷尉,天下之平也,壹倾,天下用法,皆为之轻重,民安所措其手足?……上良久曰:廷尉当是也"。他说:"你认为我判轻了,如果当时侍卫把他抓住,一枪毙了就好了嘛,我也没有话讲。你为什么交给我司法审判?一交给司法审判,法是国家定的,你也要守,我也要守,老百姓也要守;司法规定,他无意犯罪,判罚金了不起了嘛!'今以下廷尉',结果你当场不杀,交给我法院审判。'廷尉,天下之平也',法官,像天平一样,要公平啊!不能说,撞了你皇帝就罪重一点,那是不可以的!'壹倾',万一法律一有偏差,一歪倒下来,'天下用法,皆为之轻重,民安所措其手足'?"他说："你如果不根据法律来，叫你这样一办，老百姓不相信法律，不晓得怎么样做人了，这行吗？"张释之年纪轻轻的，跟皇帝当面顶撞起来。"上良久曰"，汉文帝一听说，"廷尉当是也"，这是古文，如果你演成电影，那就是汉文帝一听，说："部长，你说得完全对，照办！"

后来，张释之跟他闹了几次了。第二次不同了，"其后，人有盗高庙座前玉环，得，下廷尉治，为奏当弃市。上大怒，曰：人无道，乃盗先帝器，吾……欲致之族，而君以法奏之，非吾所以共宗庙意也。释之免冠顿首谢曰：法如是足也。今盗宗庙器而族之……假令愚民取长陵一抔土，陛下且何以加其法乎？文帝与太后言之，乃许廷尉"。

有人偷了汉高祖家庙里的玉器，被"公安部"抓住了，送到张释之那里，张释之依法判决杀头。这一次汉文帝大怒，拿白话文说，就是领导不但发脾气，还大骂娘，他说："别人偷了我爸爸庙里头的东西，我准备杀他全家的！结果你只判一个杀头。""非吾所以共宗庙意也"。古代是宗法社会，对祖宗庙，尤其是对于皇帝宗庙或坟墓被偷的事，认为严重得很。

这一回张释之怎么办？"免冠顿首谢曰"，古代是要穿礼服的，张释之马上把礼服帽子、领章拿下来，身上的袍子也脱下来，跪在那里说：皇上，对不起！"法如是足也"，根据法律这样就可以了。他说："现在只不过是偷了祖宗庙子里一个玉环嘛，你就要杀人家的全族。如果有个无知的老百姓，在你的祖宗坟墓旁边挖了一捧泥巴，占住了一尺宽的土地，那你怎么处理啊？""且何以加其法乎？"汉文帝那么大的脾气，张释之还是跟他顶撞起来，像包公一样，一点都不客气，充其量我不做你的官嘛！所以他把官帽都脱了，跪下来。他说："根据法律只能这样判，你不能再过分了。"所以这是有名的一句，"假令愚民取长陵一抔土，陛下且何以加其法乎"？

你看看汉文帝，那么大的脾气，听张释之说了，觉得有道理，最后只好去报告妈妈，因为是祖宗的问题嘛。结果，皇太后说："可以了，就照他这样办。"所以，古人有一首诗：

耳闻名主提三尺，眼见愚民盗一抔。

千古腐儒骑瘦马，灞陵斜日重回头。

"耳闻名主提三尺"，汉高祖是手提三尺剑而有天下；"眼见愚民盗一抔"，这个一抔，指捧起来一捧，我们捧泥巴一捧捧过来；"千古腐儒骑瘦马，灞陵斜日重回头"，汉文帝死后葬在灞陵。这件历史故事，使后来读书人，永远怀念这样一个好的领导。遇到好的皇帝很难，所以，千古腐儒，读书人都是书呆子，豆腐乳、臭豆腐一样，被人家看不起的，叫腐儒。"千古腐儒骑瘦马，灞陵斜日重回头"，每次经过汉文帝的陵墓，都要回头看，如果自己能碰到这样一个好皇帝就好了！

第三讲

南怀瑾：我们刚才休息的时候，我自己想想都蛮好笑，我已经给诸位交代过了，我讲话是东拉西扯一团糟。我这个人的毛病，是经不起挑战，这个孙教授常挑战我，一旦接受他的挑战，只好设法完成。讲这个题目，涉及的资料太多，八个钟头都讲不完，不晓得怎么办。

我还有个主张，希望大家为了自己国家民族的前途，研究这个经济政治问题，要多读历史才好。古人有两句话："观今宜鉴古，无古不成今。"这是我们小时候读书背的，要了解现在时代的趋势，必须要懂得古代的历史。我们的国家民族，是怎么一步步走到现在的？要研究几千年的演变，不管它走得是好是坏。"观今宜鉴古"，鉴，就是自己对着镜子看。观察现在个人事业的成功失败，要拿古代做镜子，反照自己，古代每个时代，是怎么失败的？怎么成功的？"无古不成今"，没有过去就没有现在，所以必须要懂得历史。我们当年历史是最重要的课。

像我个人，当时出来为了国家，要做军人，要带兵打仗，历史跟地理两个最重要。到了浙江，就知道哪里哪里怎么样，甚至说哪条小路都要清楚。现在学生，好像对自己民族整个历史怎么来的，都搞不清楚了。

刚才休息时，想到这个问题，好多要紧的话，想让大家知道，想讲得太多，可是时间上实在来不及。

等一下，我想用北京天桥当年说评书、说小说的办法，给大家讲讲故事。像四川人"摆龙门阵"一样，告诉大家一些事，使大家懂了那个道理，去回想。要赶快去读历史，但是千万不要读近代一百年以内写的什么中国通史、中国什么经济史……都不要看。我是不喜欢看现代人的书，我年轻的时候，就有这个毛病，非唐宋以上的文章我不喜欢看，因为看了之后，觉得这些现代人写得还不如我，比我还差一点，我这是很狂啊！因为许多现代人写的历史，有太多的个人立场局限。现在很多人讲历史，我都觉得莫名其妙，随便谈历史，自己也没有做过官，自己也没有发过财，也没有穷过，怎么懂得历史！

现在人，尤其青年人，我常常骂年轻同学们："既不能'令'，又不'受命'，你要干什么？'能令'，可以出来做领袖的，下命令给人家，要你去干什么，一个命令就下来了。"我说你们年轻人，既不能领导人，又不听人家领导，这个真要命了。

读历史有个简单的办法，有一部历史纲要，是古书，写到明朝为止，叫《纲鉴易知录》，至少这个你们要读的。也可以去读读《资治通鉴》，那是司马光写的，只写到宋朝以前，也很重要。譬如我在台湾的时候，一般海军、陆军、空军的将领，大部分都听过我的课，来的这些"上将""部长"很多。我告诉他们读历史，读《资治通鉴》，要分开来读。他们说："老师呀，我们都到了'少将''中将'，还要读书呀？"我说："要读。""怎么读啊？那么多历史……"我说："分开来读，你们组织四五十个人，一个人分一部分读，你读唐朝的，他读宋朝的，每个礼拜一个人做报告，大家集体读书，三个月就读完了，只好这么办。像我们当年，都是自己读。"

现在，我们先把汉文帝这一段，大概提一下，你们自己回去仔细研究。总而言之，汉文帝当年，这么一个二十几岁的年轻人，上来做皇帝，你不要认为，古代人口没有现在多，土地没有现在大，治国就容易。治国家天下，没有古今，没有两样。等于当家的人一样，当一个穷家，同当一个富有的家庭，一样是当家，看你怎么管得好。汉文帝还不到五十岁就死了，二十几岁的人上来治国，哪会那么轻松、那么容易，而且他上来时，正是天下变乱的时候，二十几年当中，把国家带上富有之路，两次把全国农民的田租田赋、租赋捐税统统免了，他凭什么免？他就是那么有气派！

好了，很多故事很有趣。总而言之，就是你们手边参考资料的第四页最后一段，评论他的，"上既躬修玄默……惩恶亡秦之政，论议务在宽厚，耻言人之过失；化行天下，告讦之俗易。吏安其官，民乐其业，畜积岁增，户口浸息。风流笃厚，禁网疏阔，罪疑者予民，是以刑罚大省，至于断狱四百，有刑措之风焉"。

这一段，古文就是那么简单，如果用现在白话文写，要写那么厚一本书！我们读古书，同现在教育完全不同。古文有什么道理？英文有四五十万单词，我们中国《康熙字典》不过是四万多字。我们一个知识分子，只要认识两千多个汉字，中文书你都看得懂了。几千年前的书，几千年后的人照样看得懂，这是中国古文的道理，是汉字特别的地方。白话文十几年一变，这几十年提倡白话文，人们已经看不懂古书了，都搞乱了。

我再岔过来说一桩事，就是欧阳修写历史。欧阳修是宋朝的人。中国历史的编写，是前朝的历史归下一朝编。譬如现在清朝三百年的历史，资料都摆在那里，要把它整理好才能写。欧阳修当时编《新唐书》，国家召集了很多大学问家，因为写历史要大学问家来写。他带领这一批学者，要动手写唐史了。这一批写史的都是大博士、大学士、翰林。

有一天，欧阳修跟大家吃完饭，说："我们大家出去散步吧。"路上看到一匹马，哗！过来了，把一条狗给踏死了。欧阳修说："请你们把这桩事用文字写下来。"这些人官位跟他一样大，都是像在座的好几位副部长，古代副部长称为侍郎，部长称尚书，欧阳修也是这个地位，这些人地位很高啊。欧阳修问这些人："怎么写的啊？写了拿来。"他是主任，大家只好拿来。有的写了十几个字，有的写了二十来个字。如果我们用白话文写："我们刚才吃了饭，出去散步，跟领导一起，碰到一匹马乱跑，一条狗跑过来，被马踩死了。"我这样一讲，起码三十多个字。

欧阳修叫他们当场写出来，大家只好写了。他笑一笑，这帮学者年龄地位差不多，书也读得差不多的都傻了，却看见他在笑！欧阳修说："老兄啊，照你们这样写历史，要堆满三个房间了！"

"那你怎么写啊？"他说："六个字，'马逸，毙犬于途'。"逸，乱跑，跑得飞快就叫逸。这匹马发疯了，一条狗过来被踏死了。至于马是发疯了，还是转弯冲得不好？那些啰唆的话就不要写，大原则已经懂了，这匹马疯了跑在路上，踏死了一条狗，就完了嘛。

我看现代人写东西，"文化大革命"以后，现在的书已经堆得不得了啦！我说除非再出一个秦始皇，烧了再说了。所以说要编历史真难了。

你看欧阳修写历史，"马逸，毙犬于途"，六个字写完了。譬如现在开报馆，报纸大标题要像他这样，至于下面怎么样说，路上怎么碰到，随便你扯一顿了。现在报纸的大标题都不行了，从前有些大标题非常好，我们忙的时候，只要把报纸拿来，大标题一翻，就已经知道意思了。

"上既躬修玄默"，什么叫"躬"呢？称呼他自己的行为。"玄默"走道家的路线，平常不大骂人，讲话也讲得很少，沉默寡言。

"惩恶"，这个"恶"不读恶（音饿）了，读可恶的恶（音勿）。"亡秦之政"，使秦代灭亡的政治，距离他只有二三十年，他虽然没有参与，但听过，他父亲刘邦就是因此得天下的。"惩恶亡秦之政"，就是研究秦代的罪过，这个罪过给他一个教训，说明秦代怎么亡国的，引以为戒。

所以"论议务在宽厚"，与大臣们在中央开会讲话，宽大厚道，不刁钻刻薄，就向好的方面说，不像我们现在开会。现在议会政治就是十二个字：会而不议，议而不决，决而不行，摆在那里。因为民主政治靠开会，开会签了字，谁也不负责。古代不是这样的议会政治，是要负责任的。所以他论议一个问题很宽厚，而且他有个特别的长处是"耻言人之过失"，下面答错了，他不大讲，不会痛快地骂人，不像有些领导骂娘骂爹的。"化行天下"，所以，他的行为道德感化了全国老百姓，大家都跟他学了。

"告讦之俗易，吏安其官，民乐其业，畜积岁增，户口浸息。"他不过是领导了国家二十三年，但是密告人家的，挑拨人家打官司的风气没有了，因为他不理这个。像随便写一封信来密告、挑拨人家，告这个官，告那个市长，告这个领导的……他看都不看。他认为，既然密告，就没有本事，是个坏蛋，因此把密告的这个风气改变了。所以每个公务员、做官的人，安于他的位置，负责任，不推卸。老百姓安居乐业，天下太平，每天过快乐的日子。因此，国家的财富自然就有了，不是完全靠节省出来的。

这个里头有问题要研究，财富怎么来的？"畜积岁增"，不只国家的财富，老百姓家里的财富也多起来了，等一下我讲一个故事给你们听。"户口浸息"，人口增加了，他那个时候整个社会安定，户口增长，因为战争打了那么多年，他的父亲刘邦跟项羽打仗，两个人打了七十二场，刘邦是每一次都打败仗，只有最后一次是韩信带领成功的。七十二战以前，还有那么多战争，一次战争死多少人啊！所以人口减少了，到汉文帝时候，人口才增加了。

"风流笃厚"四个字，形容他风流，不是男女风流，是做人很潇洒，很轻松，笑嘻嘻的。这个皇上，人家看到他会尊重他，爱戴他，同时他也非常厚道。

"禁网疏阔，罪疑者予民，是以刑罚大省，至于断狱四百，有刑措之风焉。"他没有那么多法律，他把法律减到最简单，大家都能够遵守了。小事情不问，小罪不判，叫他反省，自己改过来。所以，刑事官司大为减少，当年全国只有四百件犯大罪的案子。"有刑措之风焉"，换一句话说，就是刑事法差不多已经不用了，等于废掉了，因为没人犯大罪了。一个有道德的领导，靠道家的思想，他可以把国家领导到这个程度。那么这是大概地讲。下面一段，讲他的结论："帝即位二十三年，宫室、苑囿、车骑、服御，无所增益；有不便，辄弛以利民。尝欲作露台，召匠计之，直百金。上曰：百金，中人十家之产也。吾奉先帝宫室，常恐羞之，何以台为！身衣弋绨（黑色厚丝绵。有二十年不易之说），所幸慎夫人，衣不曳地，帷帐无文绣，以示敦朴，为天下先。治灞陵，皆瓦器……因其山，不起坟。"

"吴王诈病不朝，赐以几杖。群臣袁盎等谏说虽切，常假借纳用焉。张武等受赂金钱，觉，更加赏赐，以愧其心。专务以德化民，是以海内安宁，家给人足，后世鲜能及之。"

"帝即位二十三年，宫室、苑囿、车骑、服御，无所增益；有不便，辄弛以利民。"他做了二十三年皇帝，房子也没有修过，衣服什么的都没有更新过，很普通的样子。"宫室"，他的宫殿乃至花园、狩猎场；"车骑、服御"，用的车子、马，乃至衣服等"无所增益"，一点都没有添过。那么俭朴，很自然。"有不便，辄弛以利民"，如果有些什么建筑上的需要，我看有些乡公所的那个办公楼，嗨哟，比白宫还厉害。汉文帝不干这个事，他说，百姓一有不便时，以老百姓的利益为前提，首先考虑。

"尝欲作露台，召匠计之，直百金。"他有一次想在自己的皇宫里搭一个高台，晚上去坐坐乘凉。马上叫工程师来做预算，要花一百两黄金。"上曰：百金，中人十家之产也。"他一听，搭这个要一百两黄金啊！他说，那是普通老百姓、中等小资产阶级，十户人家的财产啊！我怎么敢啊！"吾奉先帝宫室"，对不起，我不干了，我爸爸留给我的宫殿，太漂亮了，"常恐羞之，何以台为"，我自己都脸红，怎么好意思去盖一个露台，花国家一百两黄金！

"身衣弋绨，所幸慎夫人，衣不曳地，帷帐无文绣，以示敦朴，为天下先。"他做了皇帝,身上穿的"弋绨",是黑色丝绵袍,二十年没有换过。

当然,我这件衣服也穿了四十年了。我这件衣服也是"贪污"来的,怎么"贪污"?学生送给我的,现在也四十年了。有同学问我,我说:"我现在要做也没有办法,没有好裁缝,不合我的标准。"我常说:"是人穿衣服,不是衣服穿人。要知道怎么样保存好,就会像新的一样。"

"所幸慎夫人,衣不曳地,帷帐无文绣,以示敦朴,为天下先。"他最喜欢的第二个妃子慎夫人,没有穿过拖地的长裙,都穿短的。挂的帐子、帘子,等等,也没有绣花的,后宫不浪费,提倡节俭。我看值得现在的人们参考。

"治灞陵,皆瓦器……因其山,不起坟。"以前到中年四十岁,都要给自己做坟墓,譬如我的父亲,他四十岁时已经把坟墓做好了。那是抗战以前我正要出来做事。人家问他,你那个……他说,我已经做好了,我这个儿子,也不知道他将来要做什么,所以我自己都准备好了。古人也是这样,汉文帝给自己做一个普通的墓,"因其山,不起坟",不另外造一个坟,就准备埋在那个山里了。这是一段。

下面,"吴王诈病不朝,赐以几杖"。这个吴王,最后在汉景帝的时候被杀的,因为他造反。汉文帝当年也看出来了,但是他没有动手,故意说吴王年纪大了,又是哥哥辈了,既然有病,就送个手杖、轮椅给他,而且不方便走嘛,就不用到中央开会了。文帝晓得吴王是托病,可是他对吴王仍然这样厚道。

"群臣袁盎等谏说虽切,常假借纳用焉。"左右大臣都讲,吴王不到中央开会是假的!他说我知道了,然后故意讲些别的话,把人家挡开了。

"张武等受赂金钱,觉,更加赏赐,以愧其心。""觉"这个字,表示发现。他用的大臣张武,这个人受人家贿赂,事情大家都知道,皇帝也知道了。文帝告诉旁边秘书长,不要多讲了,多送一点"美钞"给他,既然那么要钱,多给他一点。当然他还是要用这个张武的,张武拿到这个钱,不得了!不晓得怎么办!知道明明皇帝是在打他的耳光,既然那么要钱,就多送你点钱吧!

所以讲,汉文帝啊,"专务以德化民,是以海内安宁,家给人足,后世鲜能及之"。专门以德化民,所以海内安宁。因此这个国家"家给人足",生活都很满足,家家户户没有穷人了。从汉文帝以后,"后世鲜能及之",后世的皇帝很少能做到像他这样的。这就是对汉文帝的评价。所以我们历史上称为"文景之治"。

这个上面还有一段,中间资料都有,就是邓通的事情。我们晓得汉文帝有个弄臣,叫邓通;乾隆有个弄臣,大家都看过电影,叫作和珅。历史上有大臣、名臣、权臣、忠臣、直臣、弄臣,分很多种。中国的历史,做官的死后,史家把你写到哪一部分去,你后代的子孙永远改写不了。像名臣、大臣、忠臣都很难得,弄臣是陪皇帝玩玩的。

所以,大家说乾隆那么高明、那么聪明的人,怎么还有和珅呢?乾隆完全知道和珅的为人,所以乾隆到晚年,人家告诉他和珅怎么不好,乾隆怎么讲呢?他说:"我旁边都是正人君子,你们也总要留个人陪我玩玩嘛!"所以大家后来不敢讲话了。乾隆明知道,只要他一死,和珅一定被他儿子嘉庆杀掉。和珅自己也知道,可是和珅笨,早一两天吃安眠药死了就蛮好,偏要等到皇帝死了,被他儿子收拾。

汉文帝也有这样一个事,不完全像了。邓通是他的弄臣,差不多每一个皇帝旁边,总有一个陪自己玩玩的人。弄臣在旁边,你要喝茶嘛,眼睛一看,咦,茶来了。你要抽烟嘛,没有烟,他去买了,那多好。那些个正人君子啊,不会给你办这些事的。搞了半天,正人君子也听不懂,弄臣是什么都懂的,吃喝玩乐,没有一样不精的。

汉文帝旁边这个弄臣邓通,是最得宠的。邓通法令纹入口,每个人都有法令纹,他这个人两条法令纹都到嘴里去了。看相算命这一套流传几千年,你说信吗?不能信。不信吗?可以参考。当时有个看相的许负,很有名的,皇帝也请他看过相,邓通就找他看相,许负说:"你呀,两条法令纹到嘴里去了,将来会饿死。"邓通就跑来跟汉文帝讲,他说:"皇帝呀,那个许负说,将来我会饿死。"汉文帝说:"真的吗?我给你钱。"所以给他钱开银行,把四川的铜山,全部的山统统给他铸造钱币。所以邓通的钱,多得不得了。

这不是历史的笑话噢!汉文帝到这个时候,为什么要发展货币呢?难道国家经济实力不够吗?当时国家并不穷啊!这个时代钱很多啊!国家不穷再增加货币,不是通货膨胀又是什么?大家研究研究。

还有,这个吴王濞,后来被汉景帝间接杀了,他就在江苏常州这一带,召集了很多流氓来做盐,把海边的盐、浙江一带的盐拿来卖,也铸铜币。

所以,在汉朝,邓吴两家的钱币,现在讲发钞票,全国到处都有他们两家流通的钞票。这一段历史,我也放在资料里给大家研究。

那么,汉文帝到了中期的时候,周勃、陈平这两个丞相死了,他们都是当年跟他父亲的。后来,他用了最后一个"老干部",叫申屠嘉,跟汉高祖很多年,在前方打过仗的。他一看,只有这个人可以当丞相,丞相是副皇帝哦,现在讲就是国务院总理了。

这个申屠嘉是很耿直、很了不起的人,他不接待因私事来访的人。申屠嘉做了丞相以后,有一天,跟汉文帝当面谈话,邓通在申屠嘉前面。邓通因为在皇帝面前得宠,所以对丞相的态度,就有点吊儿郎当。申屠嘉这个人很严肃,眼睛已经看了皇帝一眼,也看邓通一眼,眉头一皱,很不高兴了。汉文帝心里知道了,心想:"你这个邓通糟了!得罪了丞相。"

申屠嘉一回到"总理办公室",一个命令:"叫邓通来!"来了后骂他:"你这个家伙!你失礼啊!不过是一个司长,或者副部长,你凭什么这个样子!你在我前面,在皇帝前面,对我这样没有礼貌,当然讲他很多事啰。你是什么东西!马上下命令,杀了吧!""啊呀,"邓通跪下来磕头,头都流血了,"对不起啊!对不起!请饶命!"

汉文帝早知道了,当申屠嘉下命令,叫邓通谈话时,邓通已经吓死了，先告诉汉文帝说："申屠嘉叫我去。"汉文帝说："你糟了，你去吧，你赶快去。"他去了以后，申屠嘉真要杀他，他磕头呀，磕得差不多流血了，这时皇帝派的人来了，侍卫长，就是重要秘书来了。"请丞相放人吧！"这样就把他救出来了。邓通一看到汉文帝，就跪下来磕头："谢了！皇帝呀，你的人迟一点来，我这个头没有了！"皇帝说："我也晓得你快要没有头了，你这个家伙，不受这个教训也不行。"汉文帝就是这样一个人。

你看他二十几年当中，发了好几次货币。这个时候，国家不需要在外面花钱，只有一笔经费很大，就是同匈奴和亲，给匈奴送钱。他死后，儿子景帝接手，也照他的道理治国，但是中间有战争。不过几十年当中，累积起来的财富也不少。这就要研究，一个国家新兴的时代，财富是怎么累积起来的？

到了汉武帝时代，出兵打匈奴，这一下，财富消耗得很厉害。现在人讲"消费刺激生产"，最大的消费是战争。汉武帝是把祖父、父亲两代的国家财富，打仗用得差不多了。可是生产怎么办？怎么样刺激生产？怎么样让经济增长？

汉武帝临时来不及兼顾，所以用了两个商人，用大老板做部长，一个是卜式，一个是桑弘羊。这两个人都是给他搞钱的，他用商人做部长，专门弄钱，贡献很大。

后来，中央在政策上发生分歧了。就是说，一个国家政治，当经济发展时，如果文化的基础跟不上，文化没有跟经济同等地发展，国家社会是很危险的。如果光有文化，经济不发展，老百姓生活也不行。因此，汉朝有一部名著《盐铁论》，后来毛泽东当主席时，也叫大家研究《盐铁论》。这部书，就是讨论文化发展重要呢，还是经济发展重要，以及政治、经济、军事、外交的政策。中间、正面、反面，全部都在讨论这些问题。

我常常告诉大家，你们注意：春秋战国时代，中国的财富中心在齐国的临淄，就是现在山东的淄博；唐朝的财富中心在扬州，古人有句诗

"腰缠十万贯,骑鹤下扬州";宋代的财富中心在福建的泉州、漳州,跟海外跟中东通商;民国时财富中心才转到上海,是清朝末年在上海慢慢开始的。这些是中国的财富集中地,反映财经历史的轨迹。

现在上海感觉自己了不起,我与台湾朋友讲,我说台湾有什么了不起啊!我在台湾生活过,台湾粮食也不够吃,自己许多东西也没有生产,靠海外来的,没有什么了不起。上海也一样,上海有什么?只有一点水,两条水港,别的很多物资都没有生产。可是它了不起,它是个市场经济集中的地方。以后的发展又如何呢?不知道。所以要多读历史,"观今宜鉴古,无古不成今"。

我把这些历史资料给大家提出来,我们要研究中国史。这是孙教授乱出题目啊!其实也不是他乱出,他是有心的,我是无意接招接错了。我现在脑子里跳出来,要告诉大家的东西越想越多,资料也越想越多,真正是很多好的博士论文的题目。

我们研究唐朝开始这一段,是怎么样富有起来的?那个时候没有靠美国人哦!没有靠外资哦!汉唐宋明,乃至清朝入关,开始的时候,怎么富有起来的?那个时候也都没有靠外资哦!

我常常说,清朝孤儿寡妇,带了三百万人口进了山海关,统治了四万万中国人,当时顺治只有七岁。我们算算看,清朝统治中国三百年,从中央朝廷开始,一直到地方省、州县,是三级政治。各省长官称为巡抚,不叫省长。巡抚下面分三四个道台,省以下就是州县,到县就为止了。一个县里主要有两个官,一个县令,另一个是典史。典史是干什么的?就是"警察局长"。这两人是政府发薪水的。一个县长请两个秘书,一个管财务的,叫钱谷师爷;一个管法律的,叫刑名师爷。这两个师爷,都是县长私人掏腰包请的,公家没有给薪水。譬如曾国藩,后来做两江总督,这个是超过了巡抚的范围,江苏、安徽、江西都归他管,可是巡抚还是有的。

那么,清政府,三级政治的体制,统统算起来,整个国家的管理人员有三万多人。可是我们现在,一个乡镇的公职人员大概就有好几百人,还是五级的政治。这个体制,同财经、政令执行都有关联的。这些我都提供给诸位大学者,你们自己去研究研究,其中问题不少。

好了,我扯了一大堆。可是请你们注意,我这个乱七八糟的、岔过来一条一条,都蛮有用处的,而且都是连贯的啊,并没有太乱,不过你们听起来觉得乱。

现在,我讲一个我本身真实的故事,跟你们谈谈天。谈完了,我还有一篇重要的东西,想贡献给你们,我喜欢跟你们谈古文、文学啊,介绍读书的方法。

共产党建立了新中国以后,几十年来,有一件事情,我们历史上做不到的,它做到了:二十世纪六七十年代以前,大家均贫,全国尽管穷,但都有饭吃,都有衣服穿。要真的实现共产主义、社会主义,是要均富哦!

那个时候,有位同学从内地回到香港跟我讲:"我佩服共产党!我当场和他们讲,有三点不得了:大家有饭吃;大家有房子住;尤其是医药方面,医疗挂号只要两毛几,任何人吃药,中药西药合起来只要十几块,没有医生要红包。这三样,我真佩服了!"我说,有道理。

中国人现在没有自己衣服穿,穿外国人的衣服,西装是海盗穿的衣服啊!有一本书,叫《也是历史》,里头记载了为什么穿西装打领带。我也穿西装,我一穿西装打领带就难受,像那个狗脖子挂一个东西一样,多难受啊!领带是怎么来的?外国过去有海盗,在海上衣服短,风大,又冷,那个帆布破了,扯一条,捆在脖子这里,领带是这样来的。你再看我们结婚,男女抱一束花,我最反对,中国人不抱这个,这个是偷情来的呀!这是欧洲当年,男女两个幽会,在外面野地上约会了一场,然后女的回家,没有东西,就弄一点花抱回去。现在结婚也抱花,不是叫人偷情吗?唉!都不对了。这就是那本《也是历史》,你们没有看过,写的都是小事情,这是怎么来的,那是怎么来的。

我再讲个故事给你们听,是我还没有离开台湾以前,自己的故事,非常有趣。当时,我的家人还在温州,他们几十年来也不知道我在哪里,我也不知道他们怎么样,我也没有办法。有一天,我在台湾接到一封信,从法国寄来的。打开一看,是我最小的娘舅寄来的。怎么样来的信呢?温州人有在法国的,大概信带到法国,那些华侨换了个信封,再由香港转到台湾。

我打开信一看,我娘舅写的,那时又高兴啊,又流泪。讲几十年家里的事,很难过。怎么回信呢?想寄点钱回去,晓得大陆那个时候比较困难,在台湾的人,只要大陆有家人有亲戚,他们会寄一罐猪油回到大陆。大陆的亲戚有时连猪油都没有啊,像收到宝贝一样,真的哟!那我想,寄猪油好呢,还是寄什么好呢?我给我娘舅写信,偷偷想办法寄到香港,香港朋友帮我换了信封,寄到法国,在法国再换了信封,寄到大陆。自己兄弟变成这样痛苦。终于跟我娘舅联络上了,问乡下家里头的事,很苦吧!所以我当时写了两首诗,这个情是讲不出来的啊!

> 忧患千千结,山河寸寸心。
> 谋身与谋国,谁识此时情。
> 忧患千千结,慈悲片片云。
> 空王观自在,相对不眠人。

这个"空王观自在,相对不眠人",就是自己站在佛像前面,那个佛像当然不会睡觉,供在那里;我也没有睡觉,就想到这些。

那么后来,寄了两百块钱,也是化名寄到香港,从香港寄到法国,从法国寄到大陆家乡。那时我在哪里上课呢?在国民党的"中央党部",有一个专门对付大陆的机构,叫"大陆工作会"。里头包括特务什么,都是"少将""中将",都是"领袖"的一堂人。我一个礼拜给他们讲两次课,他们专听我骂人的。这个主任,就是管这些事情的。

有一天晚上，这个焦（金堂）主任，"大陆工作会"的主任委员，"部长"级的，要来看我。他来坐在我面前，谈了半天，支支吾吾地讲不出来意。

我说："你今天怎么搞的？"他后来讲："老师啊，你跟大陆家里有通信吗？"我说："有啊，你查到啦！"查到了就要抓去坐牢的！他说："哎，信在这里。"我说："咦？怎么到你那里去了？"他说他们查到了。我说，那我同你们去。去干什么？跟他去坐牢嘛，关起来。

他说："老师啊，不是这样一回事。以后不要这样办，你写信还是这样写，但是交给我们，也是一个月两百块钱，也交给我们。"我说："交给你们'中央党部'，你们呢？"他说："我们也是这样，派了人在香港，专门有人收这个信，收这个钱，到了以后，把信封换了，直接寄到大陆。"我说："我们被你们抓到要坐牢的，这个罪名叫'资匪'。那时候国民党称共产党是'匪'，共产党讲国民党是'匪'，我们老百姓不晓得怎么办啊！"我说："原来你们是这样的啊！"

他说："都是这样，老师你不知道，你早知道就不会这样，都交给我们办了。"我说："那你们不是'资匪'吗？"他说："老师啊，我们要讲温情主义啊。你想，我们几百万人在台湾，哪一个家里没有亲人、没有亲戚、没有朋友啊？每一个人心里，同你一样难过，都要想办法啊！不得已，我们成立了个小组，偷偷做这个事，老百姓不知道啊。"

我说："你们这样干的啊！只有你一处吗？"

他说："不止一处哦，'宪兵司令部'也有这么一个地方；'警备司令部'也有这个地方；'国防部'也有……"

我说："你们国民党合起来，每年给大陆汇多少钱？"

他说："起码美金有两三千万。"

我说："你们才是'资匪'呢！"

我们两个讲了就笑，以后我就照这样办。二十多年前，不止我一家啦，很多人在台湾，知道大陆家里苦得很！大家把旧衣服洗了包装好，所谓旧衣服，都不旧啦，因为寄到大陆不可以寄新的，新衣服买来要穿一下，变成旧的，熨一熨，都一道捆起来寄出去。大家都向家里寄，都先偷偷寄到香港。

等到我从美国回来以后，到了香港，不是这样寄了。要"三大件，五小件"，电视机、电冰箱、摩托车、洗衣机、电饭锅等，去内地旅游探亲的港澳台同胞，在香港付了钱，开个条子，到大陆领货。

这个阶段以后，到了一九九〇年前后，内地与以往已经不同了。我那个侄子王伟国来，我买了一件意大利名牌衣服给他穿回去，他后来再到香港，还不穿哩！我说："那么好那么贵的名牌衣服……"他说："回到大陆，上海人笑我，那么土的衣服！"我说："他土还是你土啊？他们认不得这个名牌。"那个时候，已经不是送"三大件"了，要送名表啊，或改送一些别的贵重东西了。

再后来，台商慢慢都进来了。我告诉台湾人，别看大陆现在没有钱，不到十六年，就超过台湾！你们不要骄傲。因为我有资格讲话，我在台湾住过，外国也住过，我喝过洋墨水啊，我晓得外国人鼻子高的、眼睛蓝的，比你们交游得广啊。如果没有喝过洋墨水的这么讲，人家会骂，说你也不懂外国。

他们问为什么？我说："你不懂历史。刚才讲到南北朝，就是三国刘备、孙权、曹操这个阶段以后，中国乱了两百八十年。山西、河南一带老百姓没有饭吃，最后变成了人吃人。从隋炀帝的父亲隋文帝，到唐太宗几十年之间，这个国家才富了，财富哪里来的？变得那么富有！你想想看，此其一。"我说："这个民族国家，你们不懂的。"

第二，我说："唐朝三百年政治，末了到五代十国，乱了七八十年，最后也到了人吃人的地步。直到赵匡胤黄袍加身，做了皇帝以后，经过一二十年，首都开封，三十里以内，很多老百姓的窗帘钩钩都是用黄金打的。后来，全国的财富占到全世界的大半。"我说："那不是靠你们台资来的，也不是靠港币来，更不是靠美元来的哦！"

明朝开始很富，后期穷得不得了。清朝从入关起，一百多年以后，到乾隆的时候，那么富有，那个时候没有台资，也没有港资，更没有外资！

你看这个国家民族有个奇怪的特性，很勤劳，很俭朴，只要给它太平二十年，自己会发达的。我的话现在还都兑现了，那个时候叫他们到上海买块地，好好种个花，卖花，开个冰激凌店，都有生意哦！这些都是过去的事了。

所以，我讲这个道理，一个均贫的社会，如果想把它稳定下来，要先求农业科技的发展。农业科技，我们今天还没有办法，你到美国看看，人家的农庄，一望无际，看不到尽头的。我们的田地不行，有山坡有洼地，整体运作的作业不可能实现，但也不是完全不可能，要真的用科学头脑去研究。如果把农业经济基础打稳，工业发展，再谈商业，再谈国际贸易，那又不同了。这里头的关键连环有很多很多。

结果，我们由均贫的社会，一开放了以后，先盖高楼大厦。大老板自己做房地产。地买来以后随便盖，盖起来很多没有用的东西，不是漏水就是漏电，然后摆在那里啥用都没有，不晓得干什么！这是经济问题了。

所以说经济发展问题还有很多很多，饭吃饱了，坐在那里一想，想得你鼻子都酸得要流眼泪。

第四讲

南怀瑾：我每一次讲话，最后都是东拉西扯一团糟，这个已经声明过了。孙教授这个题目，我现在想到很多东西，才刚开始讲，可是短时间没有办法讲了。现在还是讲到读书要紧，希望在座的诸位，有时间多读书，尤其多读历史书。多读历史书你就会知道，自己的国家、家庭、孩子，前面要走一条什么道路。

我有句非常得罪大家的话，我常常发现现在做父母的，没有资格做父母，要重新受教育。而且很多的父母，虽是第一等的家庭，孩子们受的却是最差的教育。在香港也是，两夫妻都出去做事，孩子交给菲律宾的佣人带。在美国也一样，有些美国家庭的孩子，找个保姆带。这个问题很大。

所以，现在孩子们的教育怎么办？这是个大问题。这些要讲的问题很多，一下讲不完。总而言之要多读书，尤其是现在，要大人先带领读书。以前的官做得越大，书房越大，下班以后是先进书房。我常常告诉大家，你们看京戏就看到了，那个做宰相、做大官的回家，太太在门口说："老爷请！""夫人请！"然后送到书房去了。现在呢，有些做公务员的一天两餐应酬，光吃饭，五六个钟头已经去掉了，哪有时间办公啊？回来以后，再卡拉OK一搞，完全是"OK卡拉"了！什么精力都没有了。这个是很严重的问题。

上一次上课，都是工商界的老板，现在报纸上一看，老板，是个门板的"板"。嗨哟！老板，我们以前是人死了，放在门板上抬着的。这老板变成门板的板了，这个生意还有的做吗？老板的"板"的繁体字"闆"是门字里头三个口，这个叫老闆（板），门字里头有品字，这个公司里头有个有品格人的叫老闆（板）。再说呢，门字里头三个口是民主嘛，三张口在商量，才叫老闆（板）。

我说，现在有的经商的，就喜欢结交政府官员，这样一来，商跟官一搭拢，就叫作"官财"（棺材）了嘛！有官就发财，就是完了嘛！这就是文化、读书的问题了。

读书，叫孩子们要朗诵，所以我今天特别抽出来《滕王阁序》。因为孙教授喜欢跟我谈文学，他每次来都跟我背诗，常常吓住我的，他的记忆力好，我老了，记不过他。你看他讲的时候，他每一个字都在我前面背出来，这个很厉害了！他连《孙子兵法》都会背，我《孙子兵法》都讲了几十年课，还没有他背得好，这就很抱歉了。

所以现在抽这篇文章出来，告诉大家，读书是个娱乐。这篇是古文里四六对句的骈体文，我教你们认识，这样一来，你会读历史。这篇《滕王阁序》，也讲不完的，只讲大概意思吧。我想在座的百分之九十，都知道《滕王阁序》这一篇文章，作者是王勃，唐朝初期的才子。

刚才讲到从南北朝以前到唐朝初期，这三百年的文字都是这样写的，所以，假使要了解国家文化思想的宝库，读不懂这个文字，也就不晓得古代的政治、经济是怎么样发展的。到了唐朝末期，这种文体被废掉了，被认为太古老了。所以韩愈出来，"文起八代之衰"，推翻了这种文体。可是韩愈那个时候的白话体，我们现在读起来，也是古文。

譬如《红楼梦》《水浒传》是白话，你看着吧，中国文化这样发展，再过一百年，后代的子孙，《水浒传》《红楼梦》也看不懂了，《三国演义》也看不懂了，也要考据，不会读，因为白话文，十几年二十年一变。

你看这个人（王勃）写这篇文章（《滕王阁序》）时，只有十四岁（一说二十七岁）。你们手中这份材料，每一个典故，每一句话的注解都有，但不完全详细。另外，还有把整篇文章翻成白话的，你要是先看白话批注，这篇文章根本不想看，一点意思都没有。可是，你直接读古文，就不同了！我们当年是这么背的：

"南昌故郡，洪都新府。星分翼轸，地接衡庐。襟三江而带五湖，控蛮荆而引瓯越。物华天宝，龙光射牛斗之墟；人杰地灵，徐孺下陈蕃之榻。"

我们当年读书在书房里背，就是这样读的，不是我今天故意给你们读哦，这样读了三遍以后，不看字了，自己就在唱了。要放学的时候，我们同学读"南昌故郡，洪都新府"，这里打一拳，那里打一拳，在笑在调皮。上面老师看见了，我们马上规矩了；看不见了，两个人又调皮了。都是这样高声朗诵的，这样读了以后，几十年都忘不掉。你看这一篇文章，王勃的知识那么丰富，所以只要一学古文，地理、经济等一切都懂了。

"南昌"是汉代的名称,江西的首府,"南昌故郡,洪都新府",唐朝时改名叫洪州。

"星分翼轸,地接衡庐",王勃天文地理都清楚。过去中国读书人一定要认识天文,天上的星星,分成若干个区,南昌属于东方的翼星、轸星这个范围。古代叫天文分野,就是把一块大地跟天文、天星配起来。"地接衡庐",南昌这个地方,南面是衡山,北面是庐山,"地接衡庐"四个字,讲得清清楚楚。

"襟三江而带五湖,控蛮荆而引瓯越。""三江",是荆江(湖北)、松江(上海)、浙江;当然你也可以说浙江、江苏、江西,也是三江。"五湖",太湖、洞庭湖等,这个资料下面都有批注的。他说:"江西南昌在三江上面,像衣服领襟的位置,与五个湖之间都有连带沟通。"在这个区域中间,半个中国地理他都知道了。"控蛮荆而引瓯越",荆是湖北,"瓯越",就是浙江温州,包括广东、福建这一带,这些地方在那时都是文化落后地区。北方人把我们长江以南的人,叫"南蛮子";南蛮子叫北方人"北侉子""北佬"。这篇文章,每个字、每一句都是这样读来的。他先讲地理。

"物华天宝,龙光射牛斗之墟"。他说:"南昌的产品,'物华',有最珍贵的东西,'天宝'是天地之间的宝贝;宝剑的光芒可以冲到那个牛斗二星。"这是吹牛了,吹大牛了啊。

"人杰地灵,徐孺下陈蕃之榻。"徐孺这个人,字孺子;陈蕃也是个人名。汉代的时候,陈蕃这个人做南昌的太守,就是"省长"。这个人学问很好,非常傲慢,中国的知识分子他都看不起,所以他不接待客人的,他有张床,吊起来的。江西有个才子,是个小孩子,名叫徐孺。这个人一来啊,呵,陈蕃吩咐家里人,把床放下来,专门让他留在那里过夜。所以,后来我们有"下榻"这个词。例如说,问今天朱校长住在哪里?在古代写信给人家说,朱校长下榻于上海某某饭店,就是从这个"徐孺下陈蕃之榻"来的。

"雄州雾列,俊彩星驰。"这是形容江西有几个州,一个省都分成几个州。很好的州,就像云雾一样摆起来。"俊彩星驰",就是恭维这个地方,那里的人物,指有学问的人,了不起的能人太多。

"台隍枕夷夏之交,宾主尽东南之美。""台隍",亭台楼阁城池。他说,我今天到这里看到,这个伟大的城池建筑,"枕夷夏之交",就靠在中原跟南方的交界地方。然后形容今天的聚会,"宾主尽东南之美",这个马屁拍到家,把每一个客人都恭维了。等于说朱校长今天请客,来的都是高人雅士,等等,下面一路讲下去……

那么,这个文章中间,有很多的好句子,刚才我带领大家读了一下,大概就是这样朗读。你把这一篇文章读好了,很多东西会应用到。我们随便讲啊,譬如说,"落霞与孤鹜齐飞,秋水共长天一色",这是他最有名的句子,这个文学境界最美了。当年"九一八事变"以后,全面抗战以前,快要跟日本人打仗,我向后方走,但是,首先目标是到南昌,为什么去南昌?就是为了这篇文章,先去看滕王阁。哎!"落霞与孤鹜齐飞,秋水共长天一色",是描写那个风景,这里头还有个故事很妙。

王勃很年轻就死了,他的文章还不止这个。他的父亲在交趾做官,交趾就是现在的越南,他去看父亲,经过南昌,碰到这个宴会。这个家伙肚子饿了,就跑上来吃饭,谁知坐下来,看见大家在这里要做文章,他当场就做了这一篇,很得意啊!一餐饭就赚来了。

他离开滕王阁后,继续前行去看父亲,结果渡海时溺水死了。后来有个故事,也是说笑话,因为他很年轻就死了,心有不甘,所以死了以后,滕王阁每天晚上闹鬼,就是他。这个鬼出来就念诗、念文章了:"落霞与孤鹜齐飞,秋水共长天一色……"

有个读书人听到王勃还在滕王阁那里闹鬼,很不高兴,就到滕王阁去,说我今天晚上把他羞了。这个读书人也是年轻人,年轻人都不服气的。果然到了半夜,王勃来了,那个鬼魂念起来:"落霞与孤鹜齐飞,秋水共长天一色。"那个人说:"王勃,你变鬼了就去吧,还尽在这里念这个臭文章!"那个鬼就一声不响,等着他往下面讲,结果他不讲了。

于是王勃又来了:"落霞与孤鹜齐飞,秋水共长天……"读书人说:"叫你不要念,你还念个什么!这个文章根本写得不好,你知道吗?多两个字!太'肥'了!"怎么'肥'呢?他说:"落霞孤鹜齐飞,当中这个'与'字多余的。秋水长天一色,就不必用这个'共'字了!你这种文章还在这里念!"这人一讲,王勃从此没有声音了,哈哈……

但是,我叫大家读这一篇文章的意思,是告诉大家怎么"读"书,当然还有很多有用处的东西。

譬如,我讲一个引用这篇文章句子的故事。推翻清朝以后,民国北洋军阀的时候,国共两党北伐,打的什么人?打的是吴佩孚、张作霖、孙传芳,这些北洋军阀。吴佩孚被打败了以后,到了四川,就流落在那儿不能回来了。北伐成功后,吴佩孚很想回天津住,可是不能回来!因为两方打了一仗,怎么办?不好意思啊!

当时国民政府有一个行政院长叫谭延闿,湖南人,已经退了。湖南人讲的谭家菜,就是他家里的菜,做得很好。吴佩孚没有办法,只好写封信给谭延闿,请放他一马,让他回天津。那个时候倒没有斗争得那么厉害,谭延闿总还给他留一点面子。所以后来吴佩孚回到天津住,是这么来的。日本人来的时候,想要吴佩孚出来做汉奸的头子。吴佩孚始终不投降,他说:"你可以枪毙我,但是我绝不做汉奸!"真了不起!

这是刚才讲到这个文章的关系,我一下想起来这个故事。吴佩孚当年能回来是靠的谭延闿。当时谭延闿看了他的信,就很难过,英雄相惜,就写封信给国民政府,结果就放他回天津了。后来谭延闿死了,吴佩孚要写副挽联给他,吴佩孚自己写了,他自己学问也很好。他的秘书长一看这副挽联,说:"好是好,不大好。"他说:"不要把这个事实讲得太清楚了,那会难过。"吴佩孚问,那怎么写?这个秘书长就写了一副挽联:

蜀道崎岖,巫峡啼猿两行泪;
关山难越,衡阳归雁一封书。

四川是蜀,"蜀道崎岖",一语双关,吴佩孚感慨万千,"巫峡啼猿两行泪",表示我流落在四川,不能回天津了,这是上联。下联引用了王勃的《滕王阁序》里的一句话,"关山难越",自己通关通不过,地方上政府不放他走。"衡阳归雁一封书",因为谭延闿是湖南人,吴佩孚靠他一封信,才能被放回来。

《滕王阁序》是文学化的古诗文,我本来想把这一篇文章给大家讲完,把每一个典故、每一个有用处的地方,给大家说一下,现在时间来不及,只好简简单单地这样了事。希望大家回去,照这样朗诵、背一下,最好是叫孩子们背诵、朗诵,不要给他们解释,当歌来唱,你们试试看。

如果孩子们背诵,七八岁以前能会背,最好是五六岁能背,这篇文章包你这个孩子到八九十岁都能用得上。以前我们读英文外文也靠背,也靠念诵的。

现在我们读书,譬如我看到大家规定的功课,要读几百本书,那不是读书,是看书。而且一边看一边想:"哦哟,这个地方大概这个老师会出题目,我要多记一下,如此而已,考试完了就丢开了。"

你看今天的教育啊,小学、中学那么辛苦,那么重的书包,考完试,到了高中,过去学的差不多都丢了,一点用处没有。那么辛苦读进来,高中考到大学,也是一路学一路丢,啥用都没有。大学读完了参加留学考试,留学回来,也都是一路学一路丢。

当年在台湾地区,留学拿到博士回来的,做公务员还要考,现在的公务员也要考。每天要打卡,八点钟上班打一个卡,中午下班时候打一个卡;下午上班打卡,下班打卡,等等,当年叫作"三卡三考"。

你看我们现在教育有什么用?古人读书读完了,读的书一辈子有用。现在你看读到大学,前面读的东西都忘记了,没有用。当年我在台湾,有一个学生跟我说,现在教育没有用。有个公务员死前自己写一副挽联,很好:

为五斗米折腰，三卡三考，丧尽气节；

领百万元滚蛋，一分一厘，了此残生。

"为五斗米折腰"，这是陶渊明的话。"三卡三考，丧尽气节"，为了每个月的薪水，把读书人的人品都搞没有了。"领百万元滚蛋"，最后退休了，拿到一百万，放在银行里靠利息生活，"一分一厘，了此残生"。他说，这一辈子这样做人，读书有啥用！

我给大家的参考资料里，还有《孟子》的《告子篇》和《尽心篇》，希望大家都能读，能研究。上次，给别的同学也讲过，这些古文都要朗诵、背下来才好。

关于人性的问题，这个人性，究竟是恶的还是善的？人性为什么受环境影响，变得那么坏？几千年来，中国人都在讨论这个问题。孔子、孟子是主张人性皆善，一切宗教也都主张人性是善；荀子主张人性生来就是坏的，要道德教育硬把它改过来成为善的；告子跟墨子主张，人性不善也不恶，就靠教育的作用。人性人心究竟是善是恶的问题，在《告子篇》里头有讨论。另外，还有讲学问的修养，在《尽心篇》里。

我准备的资料蛮多的，本来诸位来，我想请大家"吃饭"，因此我买了三天的"菜"，准备得很好。可是你们人太多啊，时间又太短，我一样都做不出来了，所以只好连"菜"连"饭"，给大家带回去了。今天因为时间关系，只好这样，如果将来有机会，我们有较长时间在一起，再做别的讨论，我想问题是很多的。

孙健（主持人）：大家起立。去年在庙港，我和朱校长"善现启请"，为"利益众生故"，老师呢，"广开慈悲"，今天又给大家开了一个方便法门，老师开大法筵，我们得大饶益。谢谢老师！

第五章　中国传统文化与大众传播*

第一讲

南怀瑾：诸位先生、诸位女士、诸位老前辈（我看在座的老前辈非常多），很抱歉啊，我到现在，对自己一生的结论、对自己的评价是八个字：一无是处、一无所长。像讲课、演讲，我一生经历了很多，可是在上课、演讲的时候，每次都有个感觉，好像一头牛被人拉到法场受宰割一样的，很紧张。主要问题是一次上课也好、一次演讲也好，不晓得能给人家贡献些什么。这一次演讲很特别的，是这位年轻的上海人民出版社的副社长张耀伟先生，同我聊天时讲起来的。他的伯父是我的老学生，现在快七十岁了，是一个名教授，叫张尚德。同李敖是同班同学，睡上下铺的，当时都是台湾大学有名的捣乱学生，他们的老师是殷海光、方东美。耀伟是张尚德教授的侄子，因此我与这个年轻人常常碰面。

有一次，耀伟谈到出版业的问题。我说："出版社我也办过的，报纸我也办过。"我们讲了半天，我说："现在整个的新闻出版界走到了一个困境，最好赚钱的是电视，但是电视现在也落伍了，手机、网络一出来，时代已经到了量子力学、信息科技的阶段，传统的新闻出版业受到很大挑战。"

谈起新闻出版，想起了几件事。一二十年前，他们在香港跟我讲，复旦大学的新闻系经费不够。当时我还在香港。我说："新闻系经费不够

---

*　时间：二〇〇六年八月四日。
　地点：上海美仑大酒店五楼大会议厅。
　主办单位：《文汇报》、上海人民出版社、上海电视台纪实频道。

了，我支持。"但是，我不喜欢支持学生的奖学金，要支持老师。这些老师太清苦了，要支持他们不要下海，还是坚守这个岗位。所以，我当时马上想办法支持复旦大学新闻系。我也听说中国有两个大学的新闻系很有名：一个是中国人民大学的新闻系，听说出来的学生很多做了官；再一个，就是复旦大学的新闻系，听说学生出来多半是才子，做总编辑。

支持复旦大学新闻系的同时，我想到，清朝由孤儿寡妇带三百万人进关开始，统治四万万人的中国三百年，靠什么呢？靠绍兴师爷，包括刑名师爷和钱谷师爷。当时爱新觉罗氏与绍兴师爷共天下，因为中国的事他不懂，没有绍兴师爷，爱新觉罗氏就没办法。

大约在一九八九年，我到香港不久，我说中国现在最缺乏好的秘书。秘书非常重要，秘书提一个意见，首长签个字就变成命令了。因此，上海交通大学的翁校长来看我时，我说："我支持你，给你钱，赶快成立秘书班。"他说："这个好。"我说："清朝三百年的统治在秘书手里，在绍兴师爷手里。"现在秘书的作用也很重要。但是对不起哦，我看现在的秘书能力不够，信都不会写，不但英文信写不好，中文信也写不好。譬如我常常收到信，"尊敬的南老："，姓南的多了，谁知道你写给谁的？还有什么"尊敬的"，那是跟外文写信开头称"亲爱的"学的；再加上两个点，两个点写得大一些，我一看看成"尊敬的南老二"了；格式也不对，下面的签名也不对。再仔细看信，啰唆的话一大堆，"开放的、发展的、前进的……"，一大套术语，文字也不通，云里雾里，看了之后感到四个字——不知所云。翁史烈校长回到交通大学就办了秘书培训班，后来他告诉我："非常好！"

但是，现在做秘书，不是光文字好就行，还要懂国际礼节。我在美国也看到，纽约华尔街大老板们的机要秘书最重要，可以代表老板出去签字的。但是现在的秘书派出去，程度够不够？这是一个问题；第二，秘书还要配个司机；第三，还要带个会打字的。我说："你们好好培养秘书，每人自己要会打字、会开车。一个秘书出去代表老板签字，开一部车，计算机一带，半个钟头什么事情都解决了。"这是培养现代秘书。我现在不知道他这个秘书班怎么样了，听说又合并到别处去了。

在内地有一个光华奖学教育基金，支持全国三十几个有名的大学，十几年了，每年发奖学金、奖教金。实际上呢，我是挂名的理事长，我从来没有去过。这是一个学生办的，到现在好像理事长还是我，去也去不掉。可是，我反对一般的奖学金，告诉学生，要办是办贫寒子弟的助学金，不发奖学金。我说："你知道吗？一个学生拿到一千块钱奖学金，请老师同学吃一餐饭，几百块钱去掉了，最后真正拿到手只有几百块。既然成绩好，就不需要奖励了。那些贫寒学生读不起书的，给他学费，使他把书读下去，这个助学金才有道理。"

那么回到本题来。这位张副社长反思很多新闻出版业的问题。我说："你们出版社现在怎么办？现在整个的新闻界、出版界前途怎么走？这是个大时代趋势的问题。这个趋势有个前提的，就是历史的演变，我是亲自经历过的。"我先告诉他，新闻出版事业是很难办的事。

出版和新闻业现在有个名称，叫作"媒体"。我说："我反对这个名字。"以中国固有文化讲，新闻、出版不应称为"媒体"，这是外文翻译过来的随便称呼。这个做媒的，在中国文化里像是令人看不起的"媒婆"，媒婆是两边骗的。出版和新闻或电台、电视台，怎么能叫"媒体"呢？我说："他们是文化教育事业的先驱，具有领导和中介的功能。"

我们最近一百年来的文化多半跟着外国的文化乱跑，自己没有正名。说起历史，今天我们文化界、学术界，好像还没有一本包括古代和现代的《中国出版事业史》，也许有，我还没有看见过。希望诸位努力，写一部好的《中国出版事业史》或者《中国出版事业年史》。

新闻出版业和文化教育是连在一起的，新闻、出版的内容，都是文化教育的范围，不要把学校课本当作就是文化教育，书本只是一小部分，因为整个新闻出版都是文化教育的范围。

最近，我为了中国的文化教育问题，在写一篇文章。我的话好像有点岔开了，其实还在本题上。因为中国一百五十年来一切问题的根源，就是文化教育问题。尤其现在的教育问题，更是非常非常严重，很多小孩子很小就戴上近视眼镜了，而且给家长们逼得都快疯了。

中国三千年以来的教育有一个基本错误，就是"重男轻女，望子成龙"。几千年来都是这个思想，现在还是一样，"望子成龙、望女成凤"。过去，"望子成龙"最好是读书，读书有什么好处？读书可以做官。升官有什么好处呢？升官可以发财，普遍认为人生就是这条路。

包括我们，老一辈都是带着这个观念走过来的，后来变成革命思想了。现在呢？家长们"望子发财"，读个好的学校，求到一个好的职业，多赚一点钱。这更严重了。所以我说："做父母的很多都有一个错误，把自己一生失败、不得意的补偿心理，都变成要求，加在孩子身上。"

再譬如讲，中国宋代以后流行的观念"好铁不打钉，好男不当兵"，在我们那个时候很普遍。像我们刚刚长大成人就碰到第二次世界大战，跟日本人打起来，我们坚持要精忠报国，坚持要出去当兵，就推翻了那些观念。现在呢？我发现很多黄埔的同学，叫孩子们再也不要去做军人了，要做别的事，虽然他们本身都是中将、上将、司令。我呢，把儿子送到美国西点军校去学习。我说："这个世界再有几个一百年，也离不开军事。"可是到今天，我们的教育还在这个古老的观念圈子里。

由出版事业，再想到教育问题。推翻清朝以后到现在，只有九十五年。我是民国初年出生的，可是我接受的还是清朝末年的教育。你们可以由这九十五年中的教育演变，研究整个社会演变的因果。

过去有人碰到事就骂政府，我在办报纸的时候给他们讲过一个笑话，有一次做了一个小型演讲，我说："你们不要骂政府，政府没有罪过，所谓'政府'，是文字上的一个符号。政府机构是水泥木头建的一个房子，政府里头的内容是官员。这些官员是哪里来的？不是政府生的，是我们老百姓将子女培养出来，送进去做官的。他们做得不好，就是政府做得不好，应该骂我们自己，是我们没有把子女教育好。政府没有罪过，这是文化教育的问题。"

我最近为了教育问题，忽然想到，中国三千年的帝王政权，基本没有出过教育经费哦！回转来看欧洲史也是一样。中国的过去，读书人都是民间自学出身的。所以中国的读书人最标榜的是"耕读传家"四个字，一边种田，一边读书。任何的家庭，孩子们自己读书出来，或者在私塾读出来，三年一考，县里头考取了以后，叫秀才。古人有句话，"十年窗下无人问，一旦成名天下知"。譬如我小的时候，就是走这个路线。我们家里花钱请一位老师来教我读书。反正请了老师来家里教，就通知隔壁种田的邻居，孩子愿意读书就一起来吧，钱归我们出。他们也就送孩子来读书，然后就告诉我们家里："哎呀，我们的孩子来陪你们家少爷读书。"我父亲说："既然请了老师来，也希望你们孩子一块儿读书。"他说："我们孩子读书干什么？只要学会记账就可以了。"当年读书教育是这样。

我记得十一岁时，我进了高等小学。这个高等小学，你们大概不清楚了，我告诉你们一个历史的经过。所谓高等小学相当于现在的中学，里头已经有英文，还有物理、化学的课程，而且住校。

所以我非常喜欢办小学、幼儿园，学生最好住校。学生住校是什么道理呢？这跟古代的教育思想有关系。古代的教育有个目标，出在《礼记》，有四个字——敬业乐群。这个"乐"字有几个读音，像广东话就叫"音乐"（音哦），温州"乐清人"，发音是"哦清人"，客家话、广东话的发音接近于唐朝时的官话。闽南话、福建话的发音接近于宋代的官话。我们现在的普通话是以北方话为基础的。

所以中国古代教育的目标，是四个字——敬业乐群，"敬业"就是好好学习学问，好好学习做一个人，学习人文，养成人格，再学习谋生技术，对学习、对行为、对工作要有诚恳敬重之心，不可以马马虎虎混。"乐群"就是培养在社会共同生活中的道德、伦理、礼节、秩序、能力，礼节就有秩序的作用，维护社会秩序和人际环境的健康。

这是我讲当年进高等小学的事。因为我读私塾出身，国文很好，但英文、数学不懂，物理也不懂。因为家里的声望，我插班进去读"新式的洋学堂",洋化了。我只进去读了半年就毕业了。毕业时背榜第一名,就是最后一名。哎,自己不在乎,因为讲起国文来啊,比人家都好,老师都赞叹;其他的课我只读了半年,是勉强跟上的。可是从城里回到家,哟,门口站了一大堆人,在那里敲锣啊,挂红布啊,"南某人中秀才了"!当时人的观念,如果高中毕业,算是举人了。大学毕业算是考取了进士。

传统的教育观念里,如果这个人家里穷,孩子考取了秀才,这一家生活就没有问题了。不是政府给钱,是地方上邻居,大家都送米送粮来。"哎哟,你这个孩子有了功名了,前途无量。""有了功名了,可以穿长袍了。"过去的老百姓穿短褂,叫作"两截穿衣",穿裤子穿短褂,穿长袍的算是读书人。再过三年全省考试,考取了叫"举人"了。

大家要研究,究竟"科举"的利弊在哪里?古代教育的经验在哪里?我简单提出来,给诸位介绍一下,怕大家不懂历史,希望回去多做研究。

因为如果不懂历史,根本就不知道中国未来的前途方向。中国历史有一句话,"观今宜鉴古,无古不成今"。要观察现代,要观察未来的社会政治的发展,必须懂历史。

我们现在,大部分人对自己的历史差不多不清楚了。"观今宜鉴古","鉴"是像镜子一样看;"无古不成今",没有前面,就不晓得后面。要研究前面的路是怎么走过的,乃至我们这一百年来是闹些什么问题,今天的社会发展到了一切向"钱"看,又是怎么来的?未来的一切是不是仍旧向"钱"看,还是一个问题。

我倒转来跟大家讲新闻出版的问题,扯开那么远,其实都是关联的。新闻出版不能局限在狭小的眼光里,是与整个文化教育事业连在一起的。事业也不是职业,《易经·系辞》中讲:"举而措之天下之民,是谓事业。"现在大家动不动称事业,其实都是职业。事业是要对全社会真正有贡献的,不是口说为社会,实际是为饭碗考虑的职业。新闻出版业,如果要当事业考虑，必须从整个社会的大文化大教育着眼。否则，就等而下之，免谈了。

说到古老的教育，清朝学子由县、省这样两级考试过关后，再过三年，到全国考试。全国考试通过的叫"进士"，进士的第一名叫"状元"，第二名叫"榜眼"，第三名叫"探花"。

清朝最后一名探花商衍鎏，当年抗战时候，我在四川还拜他为师。当时我写了一篇古文的文章给他看，这位商老师一看我的文章，还拿起红笔一个字一个字圈。当时我还只有二十多岁，我说："先生啊！我这个文章你看怎么样？该不会是给个纪晓岚的批评吧？"他就笑了。我们当年不叫老师，叫老师很不好听，好像是做工、做裁缝、做土木工程的，做徒弟的叫老师"师傅"。如果叫"先生"，前面不加姓，是因为熟悉了；譬如我们这个亲戚，你叫他"龚先生"，好像比较疏远一点了。再熟一点，叫"某某先生"，就叫名字了。这是中国文化里的礼貌。

那么我也岔进来讲一个故事，纪晓岚是清朝前期学问最好的，《四库全书》他是总编，他的学生都是大进士。进士考取了以后，可以进翰林院。翰林院就不得了，翰林出来做地方官的，那就不同了。假使翰林外放知县，譬如做上海市市长，他那个做官的牌子前面会写——翰林知县。普通没有考取进士的，不敢打"翰林"两个字的招牌。

纪晓岚的学生都是进士、翰林，有个同学写了一篇文章，叫同学拿去给纪晓岚看，这个纪晓岚喜欢骂人，喜欢说笑话。纪晓岚看了这篇文章就批了两句古人的诗："两个黄鹂鸣翠柳，一行白鹭上青天。"这个同学不知道什么意思，自己不好意思去问，再叫这个朋友去问问他。纪晓岚说："这个文章不行，两个黄鹂在柳树上叫，你晓得说些什么啊？"不知所云；"一行白鹭上青天"，离题万里。那么，我再回转过来，没有离开本题哦，由新闻出版讲到中国的文化教育。你看我们三千年来的这个教育，政府几乎没有出过钱啊。当年，我们民间教育培养子弟读书，是自己读的。中国五千年历史上这些名臣、大臣，可以说都不是国家培养的，是民间培养，自学成才的。反过来一看，推翻清朝到现在，学了近代西洋教育的体制、文化，盖了那么多学校，令人感慨很多了……

最近我讲了一个口号，也是笑话。年轻人问我，我说提倡两句："读书无用论""教育无用论"。他们说："老师啊，你为什么那么消极？"我说："我一点也不消极，真的。你想，我也是一个乡村出来的孩子，大家读书读得像我一样，乱吹牛也会吹一点，反省起来，对国家、社会、家乡却无贡献。"

一个农村的家庭、边远地区的家庭，辛辛苦苦赚一点钱，供一个孩子读了高中、大学以后，这孩子永远不会回去了，都向都市里挤，甚至是出国去了。出国，尤其现在，都送到美国什么地方的。我在美国住了好几年，很清楚看到他们每一年的教育经费省了多少。美国人本身，一个高中毕业的人，自己拿着报纸看不懂，还问我们讲些什么。全世界尤其像中国、印度，最好的农村出来的优秀人才，考试取得留学名额，成绩好的，都被人家吸收了，美国使用了全世界第一流的优秀人才，它自己的教育经费省了多少！

我们回转来看，自己不免难过了……一个农村出来的孩子，像我也是农村出来，十七岁出来，几十年后到现在，没有回过家，对家庭、对父母、对社会做了些什么贡献？目前也是这样，年轻人从农村出来，都变成这个情况了，所以说教育失败。当然不止如此。

由教育失败又回转来讲，我就跟张副社长谈到，新闻出版事业是大问题，我办过报，也干过出版，这个出版和新闻的问题，必须大家共同研究走一条什么样的路线。

我先告诉你们，出版界的商务印书馆，当年曾经出过两位大人物，大家应该知道：一位是陈云先生，共产党的经济学专家，也是开国的功臣；第二位就是王云五，后来做过国民党的"行政院"副院长。两个人都是商务印书馆做工人出来的，他们都是自己努力，自学成才。

讲这个现代的例子，是对新闻出版界年轻人，乃至全社会年轻人的一个鼓励。希望大家自立自强，在新闻出版事业、文化教育事业乃至其他事业上，不要交历史的白卷。

再说上海当年的历史。前些天，还有上海电视台的制作人找我谈。我说："你要拍上海的历史，上海近代的社会发展史第一个重要人物是谁呢？第一个是哈同，南京东路的繁荣跟他有很大关系。后来慢慢发展，同新闻界有关的，是《申报》的社长史量才。"史量才也是送报出身，后来变成全国新闻界的第一人。结果呢，给蒋介石打死了。为什么？因为他反对蒋介石。他说："蒋介石有什么了不起啊，他有十万大军，我有十万读者。"他不与蒋介石合作，因此被行刺死的。

第二讲

南怀瑾：对不起，刚才耽误大家一个钟头，都是开场白，还没有向大家报告完毕。

讲到新闻出版事业，我刚才首先提出来，勉励青年朋友们，"人贵自立"，不要靠别人。像商务印书馆里头工人出身的两位先生，都变成两党的元老。他们怎么能够出来呢？四个字——人贵自立。他们不是国家培养的，也不是社会培养的，是自学成功的。

我现在经常听到新闻界有个术语，任何一件案子发生，都说是"社会问题"。我说："我也是社会的分子之一，这个问题发生同我一点关系都没有。"这不是社会问题，而是家庭教育问题，不要推给社会。社会是个群众的团体，各有各的范围。

前面提到上海的发展史，我也看了好几本这方面的书，觉得都没有搞清楚。上海原来是个小地方，在太平天国的时候开始发展。譬如华亭原来是个水港，是填起来的；徐汇也是水港填起来的，都是小港。当年太平天国的时候，李鸿章在这里叫它"吴淞道"，真正的办公重镇在现在的松江，好像那个老衙门现在还在。上海那时候不过是个小镇，因太平天国，也因中西文化的排荡交流，不到一百年变成今天的上海。

近代上海，第一个带来发展契机的商人是犹太人哈同；第二个是宁波人虞洽卿，他在家里的名称叫"阿德哥"。他在上海，最开始办了一个三北轮船公司，当年的发展靠轮船。后来一个扬州人，所谓跟杜月笙齐名的杨管北，办了一个大达轮船公司，跟三北公司齐名了。在这个发展阶段，与上海出版、新闻有关系的是《申报》。《申报》是英国人创办的，后来给中国人收买了，又转给史量才，并由清末状元张季直等一班人撑起。那个时候在上海的文人能够得地利之便，写各种文章又办出版的，都是受这些外来文化的影响。一班文人，都在上海，上海才形成今天的文明。我们今天在这里谈上海的出版业，在我个人的观感，那真是感慨万千！那个时代办出版是很凄凉的，文人也都很落魄。

今天上海的出版业执全国之牛耳，究竟应该怎么样发展？这个前途真值得研究。讲出版，我的经验蛮多，很有意思。谈起每一行，我好像都懂一点点。懂的原因，我只引用孔子一句话："吾少也贱，故多能鄙事。"有人问孔子你怎么什么都懂？孔子说，我因出身贫贱，很多下等职业都做过，所以懂得很多事情。我经常引用他这句话自勉。

讲出版，我小时候在家里看到，大概是我十四五岁时，地方上有人修家谱。譬如中国现在的家谱，我说有两大家的家谱在历史文化上是特别的：一个是山东曲阜孔家的家谱，一个是江西张天师的家谱，这两家可以说是中国三千年历史文化中特别的家庭，不过张天师的家庭不及孔家。家谱、姓氏，是中国人宗法社会的观念，比如，龚家有龚家的家谱，南家有南家的家谱。家谱的流行，从唐宋就开始了，一代一代都是这样。那么，我们家里请的修家谱的师傅，是专门做记录的，譬如说我姓南，生下来叫什么名字，读书的时候叫什么名字，有小名、乳名，有学名。像我，现在叫南怀瑾，一辈子三个字，行不更名，坐不改姓。那个时代很多人名字都改了，为了闹革命啊，怕被抓了，就另取个名字代号。写文章的则有笔名，比如鲁迅先生本姓周，鲁迅是他的笔名，其实他也不止一个笔名。修家谱时，把这些名字、别号什么都写上，生几个儿子，生几个女儿、嫁在什么地方，都有。

中国有几千年的家谱历史，家谱的作用非常大。宗族有祠堂，以祠堂为中心，管理整个宗族，根本不需要那么多的公务人员来管。不过宋明以后，理学中禁锢人的部分，被政治用来大行其道，变成后来民间的反动，殃及了整个传统文化。

要讲政治管理，宗法社会的经验很值得研究。中国几千年的地方政治，大家也没有好好研究。我在美国的时候，人家问我，说你们中国的帝王政治如何如何。我说："你不要跟我们中国人乱讲，你们懂什么叫'封建'吗？中国的封建不是欧洲的封建，内容完全不同，这个名称当年翻译搞错了，就连锁地错下来。"我说："你们美国立国不过两百年，如果讲文化史，你们给我们做徒孙我都不要，太年轻了，我们有五千年历史。如果讲科技的发展呢，我愿意做你们的徒孙。"我在国外经常讲这些笑话，也都是真的内容。

譬如中国的宗法社会，以祠堂为中心，地方政治靠祠堂。那个时候好像没有警察，我们小时候都看不到警察，也不知道什么叫警察。你说要警察来管，那是个笑话。乡村里头平安无事，白天门都是打开的，家里没有人都可以，有鸡、狗守门，没有警察，也没有什么"乡长"。像这些"长"的"短"的都没有，只有个"保正"，也叫作"里正"。譬如说我们南家那个地方，里正就是南家年纪大的一位老头子，驼个背、弯个腰，啥事都没有，他来做保正了。如果地方上一只鸡给人偷了，算大事了，全村人都出来了，那不得了，怎么有人"偷鸡摸狗"的？我们是那种社会情况中出生的。当年的社会是这样安定，上海的社会也是这样安定，后来变化到今天。

我们读书以后，那时出版界文人开始在上海闹了，然后，全面抗战开始了，那是一九三七年，我们参与抗战了。我当年从家里出来是为了救国，就变成了军人，我的身份特殊、关系也特殊，在四川、云南、贵州、西藏四地的边缘，在大渡河边，那都是我作战的范围了。这个历史故事非常有趣，我现在只讲有关新闻出版的事。

我那时年轻，二十一岁就冒充四五十岁，留个胡子，学那个蒋老头子一样，一天到晚瞪起眼睛骂人。下面的"土匪"部队差不多近一万人。年轻人带领这样的流亡之众，号召这些人怎么样来抗战，就因为前方的兵源不够，我还要把这个部队送到前方去。

我当那个"土匪"部队的总司令，开始时觉得很威武，二十几岁站在台上阅兵，一立正、一答礼的时候，觉得自己好伟大，已经高与天齐，好像孙悟空做齐天大圣一样。后来就觉得不好玩了，所以看到大领袖们阅兵，我就笑。

我大概古书读多了，后来像《三国演义》里的将军一样，就想办法"挂印封金"，当时我是自称"北汉王"，自称"总司令"的，报纸上常常登我那些事情。我带一个参谋、一个侍卫长，写一封信摆在办公桌上，溜掉了，不做了。

因为干了一年多，又因为很重要的两大派别都在争取我，我烦得很。当时，最注意我的是有名的特务头子戴笠（戴雨农）。还有我一个老乡，叫张冲（张淮南），跟共产党是好朋友。"西安事变"后，真正在幕后做工作、把蒋老头放了的人之中，张冲出了大力。抗战的时候，我们的飞机差不多被打光了，是张冲到苏联拉来飞机参战。

讲到抗战，插进来四十年前的另一个故事。我的故事太多了，你们听得会觉得乱，不过挺有趣的，你们就当听小说吧。

四十多年前，我到日本去了，干什么呢？参与文化访问团，有四十多个教授，我是顾问，团长是何应钦。到了日本以后啊，只有我一个人穿长袍。我到外国有个习惯，到欧洲、美国、日本，都穿长袍，拿个手棍，朋友们笑我。我从二十几岁起，出来穿便衣就穿长袍，拿手棍，也因此占了很多便宜。

到美国时过海关，从旧金山进关，我也是穿个长袍，拿个手棍。我听说从旧金山入关是最麻烦的,尤其对中国人检查得最严。海关一看我这个样子:"这个老先生是什么人啊?"我随行带了十几个大皮箱子,两大箱都是中药,因为我出门喜欢带中药,跟着我的人,生病了也好吃药,在外国看病看不起。我就穿个长袍,拿个手棍站在那边看着。我说:"你们去吧,行李通关完了我再过来。"旧金山海关人员带一只小狗出来,一个黑人跟在后面,那个狗闻到中药味道了,就向皮箱上爬,嗅来嗅去。

那个黑人看到小狗这样,就问这个行李是什么人的。我站在对面,对他点个头,他知道了。他看了半天,把这个小狗拼命拉回来,就问我旁边一个学生:"他是谁呀?"那个学生对他吹牛:"你不知道呀?他是我们中国当代的孔子啊,是你们国务院请他来的,他本来还不肯来呢。""噢,是这样的。"就把那个小狗抱走了。他说:"箱子里是什么?"我说:"你告诉他,不是鸦片,是中药,如果有问题,两箱留在海关,等我走的时候再回来带走。"那个同学就把我的话翻译给他听。"不要看,不要看了,我知道了。"最后他就让我签字,十二箱行李全都一起过关。原因是什么?穿长袍的力量,加上手棍,这条手棍跟我走遍全世界了。

一个国家一个民族,基本的文化是"衣冠文物"四个字。我们推翻清朝以后,中国人没有了自己的衣冠,日本人、韩国人还穿我们过去的衣服呢。我在日本,他们问我,和服好看,还是长袍好看。我说你的衣服就是我的衣服,你们这个衣服就是三国时孙权穿的那个,你们现在叫它"和服",中国人也跟着叫,我说错了,那个叫"吴服",从我们吴国传过去的,你们翻译错了叫"和服"。为什么中国人没有自己的衣服了呢?我们曾经有五千年历史文化,结果到现在,没有自己的现代国家民族代表服饰,非常可悲。

我在台湾的时候,大家带外国人来看台北"故宫博物院",外国人看了很惊讶。中国人说:"你看,我们的文化!"我说:"少吹了,那是我们老祖宗的,我们这一代中国人自己做了什么?拿不出来!"外国人到上海来一看,说:"久仰你们五千年文化,认为应该很特殊的,结果原来是这样。"我说:"对不起,我们中国人现在刚开始,重新在忙,这些洋房都跟你们学的。"他说:"学我们的还不如我们。"没有中国特色啊!所以这一代文化……我们这些青年同学们听了要好好努力啊,我们已经老了,不行了。

绕这一圈再讲回来,讲到我当年挂印封金走了,到了四川宜宾。随行的一个参谋一个侍卫,从边区出来,天又热,半路生病了,一个是伤寒,很严重,我身上没有钱了,这怎么办呢?我就跑到一家报馆里去求职。

我把胡子刮掉,到《金岷日报》报馆,在柜台前一站,问里面一个老先生:"你们报馆要不要佣人?"他说:"什么佣人?""扫地端茶的佣人要不要?"然后他看了看我:"哎,你这个年轻人?"我当时穿一身中山装。

他说:"你是下江人吧?"四川人叫我们外地人是下江人,已经很客气了,按照土话,就叫"脚底下人"。

我说:"对的,因为抗战逃难到这里,没有饭吃,想找报馆里扫地的工作。"这个老先生就看了我半天:"正好缺一个扫地的工人,不过我不能做主,你等一等,我进去问社长。"他就进去了。

这个社长出来了,社长也穿一件中山装,很魁梧。他姓许,我特别感谢这个人,后来我们变成好朋友。他出来看了我半天:"你下江来的?"

我说:"对呀!"

"你愿意做工友?扫地端茶的?"

我说:"对呀,马上要个工作,为了生活。"

"你现在就上班,我正需要一个人。"

我就进柜台去,把扫把拿来,整个报馆就像这里一样大,我大概用了一个钟头,把它搞得干干净净的。这个社长坐在那里始终看着我,我把地也扫完了,桌子也抹好了。社长说:"请你过来,你不是做这个工作的。"

我说:"为什么?哪里做得不对?"

"做得太对了,你是读过书的。"

我说:"小的时候马马虎虎读过。"

他说:"会写信吗?"

我说:"普通的信会写。"

又问:"你会写文章吗?"

我说:"文章的话,就不知道了。"

"你不要客气了。你不是干这个事的。"他一边说,一边拿来一张纸:"你随便给我写一篇散文什么的。"我拿起笔来一写,他说:"你不要写了,我知道了,我这里缺一个副刊的总编辑,立刻上任。"两个钟头,我从工友升到副刊总编辑。

这一下,我就扳着竿子上了。我说:"报告社长。"我就站得很端正,给他行礼,又问:"多少钱一月?"他就告诉我多少多少。我记不得当年的待遇了,拿现在比较,差不多三千块钱一个月。我说:"那么高啊!现在我有两个朋友生病,等着要请医生,没有钱,能不能先借一个月薪水?"他说:"可以啊,借两个月给你。"这个社长有气派!

我好高兴,回来请医生治疗这两个人,我就上班了。所以我跟耀伟讲,你那一套我都干过的,基本知道你怎么忙。

后来我还做到了代总编辑,非到午夜看完大样不可,看到天亮再回去睡觉。现在我习惯夜里工作,就是从那时候锻炼起来的。

那时候是抗战时期,我弄个收音机听国外的消息,德国打得怎么样,我们国内兵到哪里?好难收听到啊。我坐在前面写文章,排版的点个蜡烛灯、煤油灯,坐在后面一个字一个字拿来排版,马上印出来给我看。有时候发现哪个字错了,要把《康熙字典》拿来查清楚。

那时三四个人就管一个报纸,抗战时候,好可怜啊,不过比邓小平当年用油印的已经好多了,已经算很进步了。

有一天晚上凌晨三点半,我很轻松了,我说:"都好了吧?"那个排版的领导是我的好朋友,姓萧,他说:"差不多了,哎呀,还缺这么一块,那么大一块。"我说:"你乱讲,你这个版面排得不对,拿来我看看,这里加两条线,不就宽一点把它塞满了嘛!"他说:"不行的,我是想再找出来一篇放在这里。"我说:"赶快,把那个投稿的文章拿来看看,选一篇。"可是一篇都不行。

我临时想了一个办法,登了一个征婚启事,我就假装是那个小姐:"什么日本人打来了,我是杭州人;杭州、苏州出美女的,我逃难到这里,家破人亡,谁要娶我,什么条件……"自己很高兴。一个广告打出来,结果不得了,收到一千多封信,那些男的照片、生辰八字都有。这件事我一辈子都忘不了。

我们以前受的教育是"文人下笔很严重",我的老师告诉我,写文章下笔千万不能写错一个字,"一字之差,下十八层地狱"。我是受这种教育出身的,这一下玩这个花样不得了,这一千多封信,你要回复人家,那些男的照片从哪里寄来还要退回到哪里,结果拖了一个多月。社长回来对我笑,说:"你犯了一个错误,恃才傲物。搞新闻办报不容易的啊,不能恃才傲物,我看你怎么下台啊。"其实社长承担的责任更大。我后来想办法,又登了一条广告,说这个小姐到重庆,不慎坠落到江里,死掉了。

所以,后来自己一辈子忏悔。做新闻事业、做出版业,不能马虎,不能忘记自己是个文化人,文化人对社会的道德、对自己都要负责,不能玩花样。

当年出版是这样排字的,哪里想到多少年以后计算机、E-mail会如此发达,也不过是几十年的事。我刚才提到上海的真正发展,应该是从上海的人文发展史到社会发展史,从李鸿章时代开始到哈同,然后是虞洽卿、杜月笙,到史量才。那个时候上海最好的出版社是商务印书馆。他们自称,商务的书出来,若有人能找出来一个错字,任罚五元银大洋。他们为什么没有错字?商务印书馆请了很多学问好的清朝遗老来校对。我的经验是,担任校对的人最好比写文章的人水准高一点才行。自己校对自己的文章不容易发现错误,因为自己一看都对嘛,其实有时候还是用错了字。商务印书馆不大请青年校对的。最后一遍校对,倒转过来对,从后面一个字倒回来对,所以没有错字。这是老出版界的风范,后来才有中华书局、世界书局。

商务印书馆出了很多好书,我很怀念的,譬如他们出了一套《大学丛书》,读了这套书,对西方文化基本有个概念了。《大学丛书》里的物理也好、化学也好;我们这次上海电视台的电视片《去大后方》里面讲,李政道为什么拿到诺贝尔奖。他是在抗战流亡的时候,靠着一本商务印书馆的《大学丛书》中的物理学,开始了他的兴趣和研究。

上海当年有一家著名的私人出版社叫"扫叶山房"。出版社的人卖书,我们当年叫他书贩,到我们家来卖书,背一个包包,穿件长袍。人家一看就知道"那个书贩子要来卖书了",打开一看里面有很多书,在最里面有一个小小的包是禁书,那个时候叫"避火图",又叫"比和图"。家里小姐出嫁了,拿一套"比和图"放在小姐出嫁的箱子底下,说是不会起火的,实际上是男女性生活的教科书。所以当时的出版人,在上海叫作书贩子,一定是读书人。我们看绍兴师爷史料的时候,我就深深地回味几句话,"以不智不愚之身,处不死不生之地,做不文不武之业",乃至现在做秘书、做新闻出版也是如此。以不智不愚之身,说自己不智,考不取功名,没有官做;但是自己也不笨,搞一个文化出版,自己出来卖书,处不死不生之地。

再比如,我在苏州自己办了一个学堂,一个书院,我有很多藏书,我现在还找不到一个好的图书馆管理系毕业的来管理,一般人也不会管理我的这些图书。

现在,我们出版业的同仁出版的书很多、很乱。但是我深深感到,出版业、新闻业,这个道德责任还没有建立。

对做新闻的朋友来讲,现在社会上出了很多的案子,新闻记者在里头的作用很大。新闻记者本来是"言官",好像"监察御史"的作用,是

"无冕之王",现在实际上什么都不是了。你看社会上有杀人的案子,新闻记者一写,把作案的过程描写得非常清楚。我说:"完了!这个报纸一登,不到三个月,同样的案子又会出来了,教坏了,因为新闻有教育的效用。"

当然,做新闻的道理是:"狗咬人"不是新闻,"人咬狗"是新闻。所以现在碰到"人咬狗",还把这个人的牙齿有多长、多厚,咬狗的哪个部位,好吃不好吃,都写出来,当然就有人跟着"炖狗肉"吃喽。现在新闻界挖空心思找噱头,制造新闻,为了广告收入,等等,已经舍本求末了,与社会道德责任、教育离得越来越远了。

讲回出版,过去真正制作得最好的书是宋版书,宋代的书。因为我们中国人能够排版是从宋代开始的。过去历史上有没有出版?有,你要读《史记》《汉书》,那个搞出版的人叫"书佣"。中国古代的书是拿刀在竹简上刻的,后来是抄写的。我到大学上课从来不带书本,因为脑子里都背了,不需要带着书本,只带着粉笔走到哪里就讲到哪里,背错了一点点没关系,查了补正就是。现在不行了,靠计算机、靠笔记,离开笔记、计算机就不行了。到了宋朝以后,有了活字排版,因此讲出版,留下来的书中,宋版书是保存下来的最古老、最完整的。

第三讲

南怀瑾:对不住,办事的同学没有经验,把我准备的参考资料都发了,我是准备万一要用时再发的。这些资料,如果讲课用,起码要八个钟头才基本讲得清楚。不过,这个资料同今天要讲的,有密切的关系。

但是我的观点是,这些资料是古文,其实也不古,不过我们诸位年轻的朋友,很多从现代简体字的白话文教育入手,看不懂自己古代传统的文化,很难了解是什么意思,所以固有的传统文化变成没有用的东西了。等于你把那个宝库的钥匙丢了,进不了门。只是听人家乱说,认为那个宝库里面都是糟粕垃圾,就把垃圾糟粕和宝贝一起丢了。许多留洋回来的人,认为中国传统文化不适应时代了,其实中国传统文化是什么,他根本不了解。

下午我们讲到新闻出版这个文化传播事业,有一个观念,我们的新闻出版业在二十一世纪的中国,应该走文化先驱的领导路子,大家自己要认清这个任务。

比如讲著作、出版,我们出版界自己要反省了,现在出版的书,走的完全是商业路线。一个出版商,只考虑这本书的市场如何,销路多少,赚钱多少,没有考虑其他后果。结果是越热闹越花哨越好,变成"哗众取宠"。这四个字还是好听的,换一句话说,是有害于社会。

再例如,我感觉到,这一时代海峡两岸、澳门、香港、台湾、大陆,出的书都有一个大问题,尤其是负责教科书出版的朋友们,更要注意了。

我当年在台湾演讲的时候,我非常严厉地,等于是训了一顿"教育部"的人:现在出来的书,纸非常白亮,加上这样亮的电灯光,眼睛都搞坏了。像我现在九十岁了,从小开始读书,那时没有电灯啊,煤油灯还是后来才有的,靠蜡烛一点点灯光,或者点一根灯草的油灯读书。我读的书,吹牛给大家听,光是武侠小说都看了数万卷,还不要说正统的书,全部《大藏经》《道藏》读完,《四库全书》差不多翻遍了。我到现在九十岁了,有时候晚上看报纸还不戴眼镜。可是现在连小学生都戴上眼镜了,原因是什么?出版界要注意,负责教育的更要注意,纸太白,电灯太亮,字印得太小。所以我告诉台湾当年的"教育部",立刻下令,尤其是教科书,等等,不要用小字;书纸要用米色的。

现在印的书啊,是为市场而出版,没有为国家民族、为年轻人的文化教育、为孩子们的健康而用心,这是我们要反省的;每个家长自己也要考虑,这样对孩子的眼睛和大脑,都有影响。一会儿我拿一本书来,告诉大家我们过去读的书是怎么印的。

当年,为了普及现代教育,废了科举。结果搞了半天,教育却变成现在这样。中国古代有一个制度非常好,是考试制度。汉朝开始荐举制,隋唐变为科举制,都属于考试制度,有几千年历史。民间自学成才的人,经过考察、考试,被国家选用。几年一考,考你经世济民的思想、才能、辞章、书法。这个文官考试制度,后来流传到欧洲去,英国人十九世纪前后学会了考试,慢慢就传到其他国家。考试制度是中国人发明的。

考试本来是为了选拔人才用的,古代的教育和考试很经济,教育是民间自己搞的,政府考试取才是几年一次,可是现在,考试变成一个祸害了。小学、中学、大学、留学一步步要考,做公务员做官还要考。我们前面讲过,当年台湾的公务员,每天早、中、晚都要打卡,所谓"三卡",看你有没有按时上下班。然后做公务员三年一大考。所以,当年有人对打卡考试,写了一副对联,可怜自己:

为五斗米折腰,三卡三考,丧尽气节;
领百万元滚蛋,一分一厘,了此残生。

"为五斗米折腰",用陶渊明的话,说读书人出来做官,为了生活没有办法,为了一点待遇,所以做公务员;"三卡三考,丧尽气节",把人的尊严都搞没有了,彼此不信任;"领百万元滚蛋",退休金领了,然后,"一分一厘,了此残生"。现在一般读书人出来做事,也是这样,最后不过退休金领得多一点,还是"一分一厘,了此残生"。

最近我听到,更糟糕了,进幼儿园也要考试。年考、季考、月考、周考、天天考,随时要考。而且考得好的进名校,考不好的只好读差的学校。既然这样,那何必要学校教育呢?教育是为了培养那个不行的人,教育的目的是将不好的、不对的人教好。现在不是,只是一味地乱考试。

我们当年读书很轻松,我也去听过大学老师们讲课,当年大学教授也不同于现在。后来,教育变化很大。我也做过几个名大学的教授,我上课从不点名，也不认识学生，讲完了就走。这是很傲慢也很失礼的，我已经看不起现代这种教育了。因为教育，以师道而言，对学生的品德要负一辈子的责任。

现在的教育，变成出卖知识的商业行为，坐在下面听课的是老师的雇主而已。一个钟头，老师写二十分钟板书，最后讲了半天，不知所云，皮包一夹，下课走了。然后就乱考试，对学生有什么用啊？

尤其现在发展到还要学生给老师打分数，受欢迎的才可以当教授，不受欢迎的就滚蛋了事，这不晓得是个什么教育。

出版与教育，我都联起来乱讲一通。讲出版，著书的人自己要考虑，是否对得起社会？我们看古人留下的书，一辈子的经验，往往只留下一本书。譬如我常说的管子（管仲），比孔子还早的，穷读书人出身，到了中年以后，帮助齐桓公称霸，所谓"一匡天下，九合诸侯"，古书上只用八个字。"一匡天下"，在当时中国，等于是统治了全国；"九合诸侯"，九次召集"联合国"会议。管仲上面顶一个齐桓公，实际上都是管仲搞，他一辈子的经验，留下来只有一本书，我们现在看到叫《管子》。今天讲世界的政治哲学、政治的法则，都还跳不出他的范围。

孔子一辈子自己只写了《易经》后面的论文报告，写了两三篇，其他的文章都是与学生们的对话，自己很少写，别人给他做一点记录而已。老子嘛，过关时，被"海关"的关长抓住，不准出关，要他把学问留下，结果写了五千言。释迦牟尼佛讲了一辈子的学问，自己没有写一个字，都是口耳相传，后来由弟子记录的。在古代，大的学问家留下文章是很慎重的。譬如诸葛亮的一生，不只政治才能好、军事才能好，学问也很好，留下来的文章只有几篇，前、后《出师表》，还有几十封信，他写的信都很简短，是很漂亮的文章。

所以古人说，一个人著书出版，"但得流传不在多"。我常告诉学者们，告诉做文章出书乃至出版界的朋友，你看像我这几十年在海外，前后算起来，搬家大概几十次，每次搬家时讨厌极了，说今后绝不买书，因为家里摆的都是书,搬来搬去,真可怜,只好丢掉。你想,搬家时书架上舍不得丢掉的书有多少?

一本书,可以流传千古,才称得上是著作。假使随便出一本书,哗众取宠很闹热,但只有半年的寿命,那是可悲的。下午我报告过,报纸副刊的总编辑我做过,副刊的文章,我们叫"报屁股"的文章,是三分钟寿命,看完了就拉倒。有时候一下子搞得很热闹,名气很大,但这个文章不会流传的。譬如办报写社论的,在一百年当中,有那么多报馆,那么多社论文章,出书留传下来的,只有一两个人。

做新闻出版的更要注意,这是教育道德、社会道德的责任,千万要考虑周到,电视上、报纸上一篇文章出去,影响有多大。你觉得好像没有关系,忙得也顾不了那么许多。我常告诉人家,世界上,政治、军事、外交,没有善恶的,也没有是非,只有利害关系,怎么临时处理,要懂得应变。但是要注意,虽然没有善恶,没有是非,但都是有因果的;乃至一个人做任何一件事情,都是有因果的。

这个因果律是自然规律,科学、哲学、宗教、政治、军事、经济、医药、法律、建筑乃至饮食男女,什么都逃不开这个法则。换句话说,就是有报应的,因果就是报应。这个道理是一个哲学道理、科学道理,我们不深讲,只提醒出版界、新闻界怎么样自强自立,认清自己的现状和社会责任、历史责任。

现代传播业,除报刊、图书以外,加上了电视、手机和网络,传播速度越来越快,影响越来越大。今后的前途怎么走?值得深思。

出版业、新闻业离不开文化,离不开文化人的责任。文化人要为社会负起责任来,自己首先要建立一个人生目标。

就这个人生目标问题,我抽出来一篇文章《儒行》,这篇文章是从哪里来的呢?是从四书五经的《礼记》来的。什么叫四书五经?《大学》《中庸》《论语》《孟子》叫四书;五经是《诗经》《书经》《易经》《礼记》《春秋》。中国文化的基础在这里,也是中国固有文化、特色文化之一。这是我们几千年老祖宗传下来的财富，包括了宗教、哲学、科学，什么都有。可是你们在座的年轻人没有看过，在座的还有许多老前辈，也许翻过，也许没有翻过。像我们，从小都受过这个教育。

《礼记》是什么书呢？可以说，是中国文化中的宪法，所有中国文化的根源都是从这里来的。譬如我们都知道中国文化中的儒家，你问一个人什么是儒家？谁是代表？他也许会答复你"孔老二"，或者"孔子""孟子"。我说："你不要搞错了，孔子、孟子是儒家的代表之一，儒家也只是中国文化的一部分，不代表全体。"所以我讲，五四运动打倒"孔家店"，其实打得好冤枉。孔子、孟子他们没有错啊。我有一个比方，孔家店是粮食店，中国人的粮食店，人人非吃不可。打倒了孔家店，中国人没有粮食吃了，面包、牛排有时候不对胃口。道家是个什么"店"呢？药店。药店一定要有嘛，生病去买药吃，不生病不需要买，可是药店不能打倒。佛家开的什么"店"？百货店，什么都有，你高兴时可以去逛一逛。当然，不管开的是什么店，发展久了，大概都会出现劣货乃至冒牌货，反过来坏了自己的牌子。重要的是，孔子、孟子代表儒家开的粮食店，你不能打倒。结果把他一打倒，连带把古文也丢了，中国文化的根就被斩断了。

现在讲到四书五经，我们当年是要背的。《礼记》中这篇《儒行》告诉你，一个知识分子怎么做人做事。还有《学记》《坊记》，都很重要。

我们中国几千年教育的目的，不是为了谋生，是教我们做一个人，职业技术则是另外学的。而且教育是从胎教开始，家教最重要，然后才是跟先生学习。人格教育、学问修养是贯穿一生的。所以在社会上除了要有政治、财富力量以外，还要有独立不倚、卓尔不群的人格品格修养，作为社会人心的中流砥柱。

不像现在，家庭和学校的教育，乃至整个社会的教育观念，专门为了职业，为了赚钱，基本人格养成教育都没有。人如果做不好，你讲什么民主、科学、自由、法治、人治、德治、集权，乃至信用、环保、团结、和谐，等等？理想都很好，可是没办法做到，因为事情是人做的。

这是一个好像最讲民主、平等、自由的时代，其实现在全世界的"皇帝"姓"钱"，都是钱做主，以钱来决定贵贱，没钱就没自由。没有真正独立不倚、卓尔不群的人格修养、学问修养，有的只是乱七八糟的所谓个性张扬和向钱看，变成听"钱"指挥。连科学研究、教育、学术都在听"钱"指挥，为就业忙，为钱忙，没有精神支柱，一旦失业，就天塌下来一样。全世界的政府，每天都为就业头疼。

譬如孟子的话：君子"穷则独善其身，达则兼善天下"，告诉我们一个读书人、知识分子，如果倒霉，就把自己照管好就行了，不要管外面的事。至于职业做什么都可以，职业跟学问根本是分开的。学问则是一生的事，学问不是知识，做人做事都是学问。"达则兼善天下"，如果有机会叫你出来做事呢，那就不是为个人，而是把自己贡献出去，为整个社会国家做贡献。这是孟子的教育。这与一切向钱看的教育因果差别有多大，值得深思。

像这些，我们都是小时候背来的。再譬如老子的话："君子得其时则驾，不得其时则蓬累而行。"有道德才能的人，时节机会来了，环境逼得你去做官，"则驾"，像开汽车一样，你就发奋去做事了。"不得其时则蓬累而行"，时机不对，则随遇而安，乐得自在，刚好去读书提高修养，做点什么谋生都可以。

这些是孟子、老子的教育。不像现在，读个书，就想到学哪一科最好，做什么待遇比较高，有前途。这完全是商业行为，不是教育行为。那何必去读书呢？学技术多好呢，学一个好的技术赚钱会更快。

《幼学琼林》这本书，这是我们小时候读的书，现在把它重印，我到海外一直带着，会背的。你看，同现在出版一样，有很好的木刻图案，原文是这样大的字，下面有小字注解。书里面什么东西都有，讲我们历代的文化祖宗，天文、地理、夫妇、兄弟、朋友，怎么写信，做人讲礼貌，父母死了怎么写墓碑……现在读这本书，假定没有好的老师讲，就不懂了。可是这书里头有注解，你可以自己好好研究。

譬如人家问候你的父亲，问"令尊"（你的爸爸）好不好，那么我的答复是："家父还好。"二十年前，有一个同学告诉我，他说到内地问人家："令尊好不好？"人家回答说："我的令尊不错，你的家父也好吗？"这样的故事很多。再譬如我常常问人家："你的府上在哪里？"他回答："我的府上在福建。""府上"是尊敬语，这本书上面都有，你应该回答："不敢，我是小地方浙江人。"人家尊称你，你谦虚一点。这不是虚伪、矫情，而是礼貌、秩序，用敬语表示彼此尊重。礼节就是秩序。礼节的内在，就是有心意的诚恳和恭敬。

我再告诉你们一个故事，与这本书和新闻出版有关联的。蒋介石那个阶段，我们叫他"校长""老头子"叫惯了。有一天，他看见一个卫兵在"总统府"前面站岗，立正在那里。时间久了，他看这个卫兵看得面熟了，有一天忽然高兴起来，问："嗨，你当了几年兵啊？"这个卫兵是宪兵，宪兵是军队里的警察，管兵的。他报告说做了几年了。

老头子再问："你读过书没有？"

"没有。"

"你一天站几个钟头，累不累啊？"

"报告总统，我不累。"

老头子笑一笑，觉得这个年轻人蛮可爱的。第二天碰到他，给他一本书："你站岗之余，把这本书统统背来。"老头子叫他读，虽然不大认识字，他还是把这一本《幼学琼林》统统研究背完。后来，他做到《联合报》的总编辑。《联合报》之所以出名，就是他们的标题特别，他那个新闻的标题，都用典故来标，都是从这本书上出来的。

刚才讲到《礼记》，一下岔过来这个事，我讲话乱七八糟的，请原谅。那么我们古代印《礼记》这部书，这么大的本子，纸是淡黄的，薄薄软软的，线装的。现在印书的用纸和装订很笨重，是洋装的书。全世界图书展览会公认的，最好的书是中国线装书，又轻又薄又可以翻转，折拢来也可以,读起来很方便。那个硬版的洋装书就不行了,不方便,这个很值得研究。现在出版的书浪费了纸张,损害了眼睛,有很多问题。

再说新闻出版的问题。譬如像我的书,目前算起来有三十多本,可是我只讲课,不大肯自己写书。真正我自己写的,只有几部书,其他都是同学们把我讲课内容记录下来,然后编辑出来给我看过。那么在内地,我的书被盗版、盗印流传的,不晓得有多少,到处都有,很便宜。我也不知道谁盗的,这是出版界的管理问题。不仅盗版、盗印了,还印错了!错字很多,这就很伤脑筋了,一点办法都没有。

虽然我的书被盗版、盗印流传得很多,可是我自己要在内地办出版,又不行。

新闻出版的管制是怎么来的呢?也是抗战前,我们一帮朋友们闹出来的。

抗战的时候,正在跟日本人打得不可开交,那个时候老实讲,大家心里都没有底。当时有两个观点。一个观点认为中国打不过日本,非亡不可,这一派,我们叫它"低调俱乐部",是汪精卫他们领导的,周佛海、陈公博都在内。另一个是像我们这些顽固的,坚持非抗战不可,万一重庆丢掉,我们宁可到西藏,西藏再丢掉,只好出国流亡,绝不做亡国奴,要抗战到底。

抗战前,国内的政治意识争论太多,政府就想办法管制,一九三四年成立了图书杂志审查委员会。这个审查会什么人做头头呢?同上海有关系,就是潘公展。抗战胜利后,吴国桢是上海市市长,参议长是潘公展,他是在国民党里头搞宣传的,成立图书杂志审查委员会后,所有出版的书刊都要审查,可是还没有力量审查全部的刊物和报纸。

这个委员会里头,好几个都是我的朋友,名字里都有个"天"字,我就笑我这五个朋友是"五霸天",占据了半个中国的文化天地。他们对我说,"哎,老兄啊,你也来好不好?"我说:"我不参与你们这些。""哎,你做顾问嘛。"我说:"我问也不问,顾也不顾,我也没有这个本事，这个图书管理不好。"

那么，这个中间有两个骂人的故事，你们大概不晓得，我岔过来讲。

一个，文化的基础是文学，文学的基础在文艺。我们这一百年来的文化剧变，把文学的基础也拆掉了。从二十世纪到现在，真的可以代表中国文学留传后世的作品，很难看到。

当时图书杂志审查委员会成立了以后，有个作家叫张恨水，写了本书叫《八十一梦》。张恨水的本名不叫恨水，这是他的笔名，来自我们中国一句话"恨铁不成钢，恨水不成冰"。他的《八十一梦》，骂当时的国民政府，尤其对蒋老头子骂得更厉害。他的文章写得很好，骂得也很有趣。那个时候，中国一半国土属于沦陷区，被日本人占领了。他写每天一个梦，有一个梦怎么讲呢？我们看到是哭笑不得，他说玉皇大帝召集诸路的神将开会，结果大家都来了。关公来报到时，四大天王挡驾："不准进来！"

关公说："玉皇大帝召集，为什么不准进来？"

天王说："今天开会有个规定，酒、色、财、气都不沾的人才能进来。"

关公说："我都没有啊！"

"哎，"天王说："你脸红红的，谁说你不喝酒啊！"

"那色呢？"

"你过五关、斩六将，送二嫂，这个有'色'的嫌疑哎！"

"那么财呢？"

"你在曹操那里，曹操每天对你上马一盘金，下马一盘银，你贪财嘛！"

"那气呢？"

"你气最大嘛！过五关斩六将，随便杀人。结果自己的头被人家砍了，你还在空中叫'还我头来！'你脾气多大啊！"

关公一听，哟，酒、色、财、气都沾了，没有资格进去开会了，站在天堂门口很生气。他看到一辆汽车从玉皇大帝的后门进来，便问：

"咦，那个家伙，袁世凯，他怎么可以从后门进？"

"他有银元啊，袁大头啊！"

关公听了更生气，又看到蒋介石委员长一辆大车子从正门就进去了。

关公问："他怎么进去了？"

"他四个字都不沾。"

"怎么不沾？"

"酒嘛，烟酒公卖，可见他自己一点都不喝；色呢，他跟毛夫人离婚后才跟宋美龄结婚，可见不好色；财呢，四个大银行，中央银行、交通银行、农民银行、中国银行，印了多少钞票给老百姓用啊！可见他不贪财。"

"那么，气呢？"

"中国那么大地方，三分之二都丢了，他都不生气啊！"

哈哈！这是张恨水的《八十一梦》！

那时的出版界和文艺界，虽然经过政府图书审查，还是难以完全控制住。譬如在四川成都有一个大报《新兴新闻》，我们一个朋友，四川人，叫张伯诚的，也是共产党员。他在报纸上办了一个"政治大学"，每天上课，有经济学、政治学，我们天天等着看。政治大学的教授是谁？伊尹、姜太公，这些是教授；还有诸葛亮，只是副教授；至于厚黑教主李宗吾，我们是朋友，他只能做助教。其他还有很多很多，他这个政治大学办得非常有趣。忽然有一天，报纸拿来，我们大笑，也奇怪，政治大学成立了个"土木工系"！大家就找他问，政治大学怎么成立"土木工系"呢？哦，那几天他人就躲开了。等到礼拜六，报纸上写道："土木工系的学生曹操被开除了；王莽也被开除了；这些都是不及格的。得最高分的土木工系的学生是什么人？第一个是曾国藩，第二个是蒋介石。怎么把他列在'土木工系'？土头土脑，麻木不仁，工于心计，叫作'土木工'。"

像在那样的一个时代，那都是现实的，有意识形态管制。现在大家要检讨自己的心境了。怎么样才能建立一个好的文化风气，使社会不要恶意批评,而对这个社会、对这个政治拿出一个善意的建议。恶意的批评很容易,善意的建议却很难!可行的建议就更不容易了!

因此,我告诉文化界、新闻界、出版界的朋友们,必须要读历史。不仅读正面的历史,还要多看小说。所谓历史,常常人名、地点、时间是真的,内容不大靠得住;小说里的人名、地点、时间都是假的,但那个故事往往是真的。

但是,读历史看正面的既然靠不住,就要想办法读历朝历代名臣的奏议。大家要注意,"奏议"就是向朝廷提的建议、报告乃至反面意见。这些东西几千年下来,积累很多资料。诸位学新闻写文章的应该要读,读了以后,启发很多。譬如关于捐税金融,关于经济的发展,很多领域,很多资料。到底我们有几千年历史,很多经验值得注意,不像美国才两三百年历史。

第四讲

南怀瑾: 因为时间的关系,加上我讲话不合逻辑的。其实,我讲话有我的逻辑。哈,自己认为很有逻辑,但是一般的习惯逻辑跟我的逻辑不同了。

当年抗战前,他们成立"图书杂志审查委员会",一直延续到后来。当时潘公展领头的,说让我也参与,我说:"对不起,我不大懂。"中国的知识分子,所谓"士"有三种,我一辈子做第三种的士。这种图书意识形态的管理,我绝不参与。

我们中国人讲的士大夫这个"士",植根于古代中国文化。中国文化有"三士",第一个"士"是自己读书的,自己站起来的;第二个"仕",如果"士"进一步,出来做官了,加个"人"字旁,叫作"学而优则仕";第三个叫"隐士",隐士在政治上的态度,用西方政治哲学的观念,叫作"不同意主张",不反对,也不赞成,不过是我个人不同意。我到现在八九十岁,对于各党各派都是朋友,原来大家怀疑我是这一派那一党,我的头上戴的各种帽子头衔多得不得了,结果我到今天,始终还是做一个隐士。

人家说:"你各行各业、各党各派,怎么都是朋友?而且大家头都被砍掉,你这个吃饭的家伙还留着,是怎么一回事呢?"我说:"我有个秘诀,每一党每一派我都是'买票不进场'。"譬如今天晚上,他们这里发门票的,门票我有,不一定进来听。可是没有门票的话,我想打开来看看里头玩什么,就没有资格开门了,有门票我就可以拉开看看。可是真进场就被套进去了,我不进去。因为一辈子光买票不进场,所以现在各方面都变成朋友。我基本走的就是隐士路线。

说起传统文化,我想到一个问题,发现这几十年,大家常常提到"封建"两个字,好像代表了专制、愚昧、落后。几十年来看很多报刊和书,常见到这个说法。

所谓中国周朝时的封建制度,是中央领导,分封诸侯,换个说法是联合国的组织,各个诸侯国有自己的法令、自己的文字,那个时候可以说"书不同文",言语更没有统一,交通也没有统一,这是中国的"封建",根本不同于西方那个封建。

当初翻译西方著作的时候,"封建"两个字用错了。我们把西方那个封建拿来解释中国的封建,学术上来说,根本是错误的,这个错误导致的后果相当严重。说起翻译西方著作,又是一个关于文化和出版的大问题,例如"经济"这个词,在中国文化里本来是"经纶济世"的意思,包括政治在内了,近代翻译也是翻错了。差之毫厘,谬以千里,这些翻译的错误,随着书报一出版,就引发一连串错误,后果很严重。

周朝的封建,尽管许多没有统一,但是文化观念是统一的。中国文化基本用一个字可以代表——"道"。由"道"后来演变出儒家、道家、墨家,等等,诸子百家。道是什么东西?这是哲学问题,我们今天没有时间讨论。

当时,我说你们成立了"图书杂志审查委员会",这是造孽,不是做好事。我就引用了古人两句诗,秦始皇是为了意识形态的统一而"焚书坑儒",结果后人有两句诗,晚唐诗人章碣作的:"坑灰未冷山东乱,刘项原来不读书。"

他说秦始皇统治意识形态,把书烧掉,甚至把知识分子赶走、杀掉,也没有用。烧书的灰还没有凉,太行山以东,刘邦、项羽很快都起来造反了,因为他们不是读书人,所以烧书没有用。

如果真的不对,不是知识分子完全不对啊!我们有个朋友钱穆(钱宾四)讲历史,他写了《国史论》,说:"中国知识分子跟农民两个一结合,天下就乱了。"我说:"老兄,我反对,不同意。"中国的农民乖得很啊,历史上不管哪个人做皇帝,只要不找我的麻烦,交两个钱都可以。但中国历来地方上一定会出现一些流氓,号称"农民",不是真正的农民,这些流氓跟知识分子一结合,天下会大乱。我说:"你那个历史观点要修正一下,不要把中国的青年给教错了。"

所以说,你焚书有什么用?"刘项原来不读书。"

另外,还有一首诗,就讲到这个历史的经验。所以说很多人读历史不会读,我也反对一般人读了历史,然后随便批评历史。我说:"你们这些读书人做过官没有?做过'小皇帝'(诸侯)没有?"

人家说:"你干过吗?"我说:"我做过啊,穷也穷过,饿也饿过,带兵也带过,打仗也打过,做官也做过,富贵也过来,贫穷也过来。"没有这些经验,你不能真懂历史,你们常常随便拿一个书生的观点去看历史。有时历史上的人物做了坏事,我很能谅解,他真的是不得已。一个人到了某一个阶段,可能会干出愚蠢的事。

明末的陈恭尹也写了一首诗《读秦纪》,同这个有关联的,这首诗怎么说呢?

    谤声易弭怨难除,秦法虽严亦甚疏。
    夜半桥边呼孺子,人间犹有未烧书。

"谤声易弭怨难除",讲秦始皇那个时候"焚书坑儒",把反对意见都赶掉。他说:"诽谤声,人家反对你的声音,你要消灭容易,但老百姓心里的怨气除不去,你把他们杀光也没有用,杀光变成鬼,那个鬼也会有怨气的。"

"秦法虽严亦甚疏",虽然管得那么严,还是管不住的,那是很笨的方法。

"夜半桥边呼孺子",这里有个故事,当时年轻的知识分子起来推翻秦朝,第一个代表是张良,暗杀秦始皇不成功,就帮助项羽;后来觉得项羽不行,就帮助刘邦把秦朝推翻了,变成汉朝。张良是青年人,为了闹革命,半夜三更去等黄石公老人,那时天下的书差不多没有了,黄石公给他一本《素书》。"夜半桥边呼孺子",就是说:"孩子你过来,这本书给你,你将来可以做帝王师,领导国家的思想。"这本《素书》现在还有流传,倒是真值得一读。不过有学者考据,认为这本《素书》不是当时的《素书》,好像是伪造的。真的是伪造的吗?我对考据很喜欢,但不完全同意。黄石公传给张良那本《素书》就是关于人才管理学的,也告诉你怎么样做人、怎么样创业。"人间犹有未烧书。"他说:"法律严密的管理有什么用?""夜半桥边呼孺子",黄石公半夜三更,照样把没被烧掉的书送给张良,张良就出来领导天下,还成就了一个刘邦做皇帝。

对于新闻出版业以及文化教育问题,我今天简略谈了这一席话。目的是希望年轻的一代自我反省,为后一代着想,努力为国家民族、为社会做顶天立地的事业。我现在九十岁了,每日每夜都还在读书、做事,休息得很少。

我常常说,我对这一代的中国人差不多不抱希望了,现在我们如何培养人呢?我说:"我培养后一代。"

所以最近七八年中间,我带了年轻同学们,拼命推广儿童读书。社会上把我的意思理解错了,说我推广儿童读经,好像提倡复古。但是我提倡的是中(文)、英(文)、算(术)一起上,包括四书五经在内,尤其是唐宋以前的经典，要读诵、会背、默写，还有英文经典，并且要练习珠心算，珠算熟习以后，心里有个算盘，做心算就很快。这是文的教育，还要武的教育、艺术的教育，融合人格养成教育。看上去内容很多，实际的安排很科学，效率很高。这样培养出来的孩子，智慧得到开发，自己会读书，体魄健康，知道怎么做人，会懂得东西方的传统文化，可以开创未来了。而且实验证明，这样教育出来的孩子，读教育部安排的课程，读起来也就很快。

后来，我看到现在的教育界，甚至教育部，也开始跟上这个路线。徐永光先生今天也在这里，他也是响应者，他是希望工程的创办人，当初是小朋友，现在变成老前辈了。他们也发动跟着做，出了很多书。但是开始时，编了太多唐诗宋词，我也反对，我说："我推广儿童读书，中、英、算一起上，结果你们把儿童读书的重点变成唐诗宋词。"我说："这样读出来有什么用？"中国未来培养一万个李太白、一万个杜甫也没有用啊，那不过多出两个诗人嘛！我希望后一代出很好的思想家、很好的科学家、很好的政治家，这是目的。可是现在呢，我们中国文化的财富宝库太大了，繁体字不懂，古文不懂，等于丢了钥匙，这个宝库的锁打不开了。

我们选的几篇参考资料，来不及讲，希望大家拿回去自己研究。

第一篇《儒行》是告诉知识分子怎么样做一个读书人，人生价值、人生的意义、生活的做法是什么。

第二篇是董仲舒的《天人三策》。大家都说汉武帝因为听了董仲舒的话，专门崇拜孔孟儒家之道，不要诸子百家了。这是不对的，不是这个意思，但是他们的对话是推崇儒家。这个《天人三策》，是董仲舒跟汉武帝当面讨论的文章，汉朝四百年的政治安定与此很有关系。

第三篇是《聊斋志异》中的一篇，我最近常跟青年同学们讲《聊斋》。你们写新闻可以多研究聊斋的写法。有人问我："《聊斋》不是讲狐狸精、鬼吗？"我说："你们才活见鬼，这《聊斋》好像讲鬼，其实是讲人的，他借鬼骂人。"聊斋每篇的后面有一个"异史氏曰"，这是蒲松龄自己的意见。怎么叫"异史氏"？因为清人来了，他不愿意投降满族人，宁可在路上开一个茶馆，过来过往听故事，他就写小说。他的小说写了以后，当时有一个学者叫王渔洋，非常有名的，听说有这个书，看了以后告诉他："我给你十万两银子，你不要出书，书归我出。"蒲松龄不干。后来，王渔洋给他写了一个序言，中间有首很好的诗：

   姑妄言之姑听之，豆棚瓜架雨如丝。
   料应厌作人间语，爱听秋坟鬼唱诗。

"姑妄言之姑听之"，《聊斋》说鬼，说狐狸精的故事，是不是真的？很难考据。"姑妄言之姑听之"，他乱说，哎，我们就乱听吧。

"豆棚瓜架雨如丝"，乡下老百姓吃饱了没有事，以前没有电视看，没有电影看，坐在瓜架豆棚下面，带着小孩子，说鬼话，说故事，"豆棚瓜架雨如丝"，这是描写那个情景。

"料应厌作人间语"，他说："蒲松龄把心境写出来，他自己也有同感，对于一般活人讲的话，感到靠不住，厌烦了，不如写点有情有义的'鬼'话。"

"爱听秋坟鬼唱诗"，还不如听鬼讲话老实一点。

你看了这个序言，这首诗已经骂尽天下人。

第四篇是《木皮散客鼓儿词》的片段，明朝的贾凫西写的，他是民间写小说的，实际上是政治家、哲学家、思想家。他这个"鼓儿词"，是给人家打起鼓来唱的。譬如说"河里的游鱼犯下什么罪，刮净鲜鳞还嫌刺扎"，人世间很多不公平的，他用白话写的，可是有文采，很有名。这些资料你们带回去有没有用，就不知道了。

今天，本来我想讲的东西蛮多的，因为时间太短，加上我不会讲话，乱七八糟说了半天，说了一些故事。留一点时间，给主办单位的社长。

张耀伟（上海人民出版社副社长）：我代表主办单位说几句话。

从下午三点多到现在已经是六个小时了,这么长的时间、这么炎热的天,依然挡不住来自海内外的各界人士景仰南老先生的热情。

也许大家都知道,一九九七年的八月,金温铁路全线通车,八十年前孙中山先生的梦想,也是一千六百万温州父老的梦想,在南老先生的努力下,终于实现了。南老先生在完成了这项工程以后,他说,铁路铺完了,但是他最大的心愿是想铺一条"人走的路",就是传播和弘扬中国文化之路。

没有传承就没有创新,传承和创新的核心基础是文化。没有文化,一个民族就没有凝聚力,就没有创造力。

南老先生在传播、弘扬传统文化方面的成就是引人瞩目的,他的读者和学生遍及海内外。今天我们有幸现场聆听南老先生阐发真知灼见,能一睹老先生的风采,让我们用掌声由衷地感谢南老先生!

某听众:我以前读过您的书,我记得您在一篇文章里面讲过一段话,您说从一九八四年开始,中华民族有三百年的好运,但是我觉得中华民族前途最大的变数是台海两岸的局面。我知道南老先生您曾经为台海两岸的和谈做过贡献,我想请您从历史的眼光或者世界的眼光,给未来台海两岸的出路指一条明路。

南怀瑾:这个问题,我想不是你我两个人可以讨论的。首先我告诉你,中华民族这一百多年,从太平天国时期开始,受尽了欺凌,受尽了侮辱。实际上,由乾隆、嘉庆开始,这个民族开始走到衰落的路上。拿中国五千年文化另外一套计算命运的方法,好像说命运使然。到了一九八四年以后转运了,如果根据这个法则,照统计算出来,是有二百多年的好运。也许未来会超过康熙、乾隆的时代。

至于国家的统一是当然的事,而国家的统一在文化。我早在三四十年前就告诉青年人,你们不要迷信英文,赶快学中文,将来汉语会变成世界第二种语言,汉字会变成世界第二种文字。我讲的这个预言都实现了。

你看，从一九八四年到现在，已经有二十多年的太平。你们年轻人不懂，我们从小到现在，经历太多的战乱。像我，虽没有亲自看到推翻清朝，但是挨到边的；跟着是北洋政府的内乱，还有北伐的战乱，都是内乱了；又跟着是对日本的抗战；紧跟着是两兄弟两党的争论。我们是这样过了一辈子。

这连续二十多年的太平日子，在历史上从来没有过。当年我们小的时候也有过太平的日子，但是很多老百姓没有饭吃，那个痛苦、饥饿的状态很严重。现在固然还有贫困地区、边缘地区，但比过去好多了。你放心，一定会统一的，看你怎么样努力了。

南怀瑾著述目录

1. 禅海蠡测 （一九五五）
2. 楞严大义今释 （一九六〇）
3. 楞伽大义今释 （一九六五）
4. 禅与道概论 （一九六八）
5. 维摩精舍丛书 （一九七〇）
6. 静坐修道与长生不老 （一九七三）
7. 禅话 （一九七三）
8. 习禅录影 （一九七六）
9. 论语别裁（上） （一九七六）
10. 论语别裁（下） （一九七六）
11. 新旧的一代 （一九七七）
12. 定慧初修 （一九八三）
13. 金粟轩诗词楹联诗话合编 （一九八四）
14. 孟子旁通 （一九八四）
15. 历史的经验 （一九八五）
16. 道家密宗与东方神秘学 （一九八五）
17. 习禅散记 （一九八六）
18. 中国文化泛言（原名"序集"） （一九八六）
19. 一个学佛者的基本信念 （一九八六）
20. 禅观正脉研究 （一九八六）

21. 老子他说　　（一九八七）
22. 易经杂说　　（一九八七）
23. 中国佛教发展史略述　　（一九八七）
24. 中国道教发展史略述　　（一九八七）
25. 金粟轩纪年诗初集　　（一九八七）
26. 如何修证佛法　　（一九八九）
27. 易经系传别讲（上传）　　（一九九一）
28. 易经系传别讲（下传）　　（一九九一）
29. 圆觉经略说　　（一九九二）
30. 金刚经说什么　　（一九九二）
31. 药师经的济世观　　（一九九五）
32. 原本大学微言（上）　　（一九九八）
33. 原本大学微言（下）　　（一九九八）
34. 现代学佛者修证对话（上）　　（二〇〇三）
35. 现代学佛者修证对话（下）　　（二〇〇四）
36. 花雨满天　维摩说法（上下册）　　（二〇〇五）
37. 庄子諵譁（上下册）　　（二〇〇六）
38. 南怀瑾与彼得·圣吉　　（二〇〇六）
39. 南怀瑾讲演录二〇〇四—二〇〇六　　（二〇〇七）
40. 与国际跨领域领导人谈话　　（二〇〇七）
41. 人生的起点和终站　　（二〇〇七）
42. 答问青壮年参禅者　　（二〇〇七）
43. 小言黄帝内经与生命科学　　（二〇〇八）
44. 禅与生命的认知初讲　　（二〇〇八）
45. 漫谈中国文化　　（二〇〇八）
46. 我说参同契（上册）　　（二〇〇九）

47. 我说参同契（中册）　（二〇〇九）

48. 我说参同契（下册）　（二〇〇九）

49. 老子他说续集　（二〇〇九）

50. 列子臆说（上册）　（二〇一〇）

51. 列子臆说（中册）　（二〇一〇）

52. 列子臆说（下册）　（二〇一〇）

53. 孟子与公孙丑　（二〇一一）

54. 瑜伽师地论　声闻地讲录（上册）　（二〇一二）

55. 瑜伽师地论　声闻地讲录（下册）　（二〇一二）

56. 廿一世纪初的前言后语（上册）　（二〇一二）

57. 廿一世纪初的前言后语（下册）　（二〇一二）

58. 孟子与离娄　（二〇一二）

59. 孟子与万章　（二〇一二）

60. 宗镜录略讲（卷一至五）　（二〇一三至二〇一五）

61. 南怀瑾禅学讲座（上）　（二〇一七）

62. 南怀瑾禅学讲座（下）　（二〇一七）

打开微信，扫码听南怀瑾著作有声书

《论语别裁》有声书

《孟子旁通》有声书

《老子他说》有声书

《易经杂说》有声书

购买南怀瑾先生纸质图书，请打开淘宝，扫码登陆复旦大学出版社天猫旗舰店

打开微信，扫码看南怀瑾著作电子书

《易经杂说》电子书

《原本大学微言》电子书

《金刚经说什么》电子书

《如何修证佛法》电子书

购买南怀瑾先生纸质图书，请打开淘宝，扫码登陆复旦大学出版社天猫旗舰店

打开微信，扫码观看
《复旦大学出版社南怀瑾著作出版纪程》视频

打开微信，扫码观看
南怀瑾先生授课原声视频

图书在版编目(CIP)数据

南怀瑾讲演录/南怀瑾著述. —上海：复旦大学出版社,2024.2
ISBN 978-7-309-16797-9

Ⅰ.①南… Ⅱ.①南… Ⅲ.①社会科学-文集 Ⅳ.①C53

中国国家版本馆 CIP 数据核字(2023)第 062736 号

南怀瑾讲演录
南怀瑾　著述
责任编辑/邵　丹　张雪莉

复旦大学出版社有限公司出版发行
上海市国权路 579 号　邮编：200433
网址：fupnet@fudanpress.com　http://www.fudanpress.com
门市零售：86-21-65102580　团体订购：86-21-65104505
出版部电话：86-21-65642845
上海盛通时代印刷有限公司

开本 787 毫米×960 毫米　1/16　印张 13.25　字数 177 千字
2024 年 2 月第 1 版
2024 年 2 月第 1 版第 1 次印刷

ISBN 978-7-309-16797-9/C・434
定价：58.00 元

如有印装质量问题，请向复旦大学出版社有限公司出版部调换。
版权所有　侵权必究